大魚讀品
BIG FISH BOOKS

让日常阅读成为砍向我们内心冰封大海的斧头。

The Moment *of* Lift

女性的时刻

如何赋权女性，改变世界

MELINDA GATES

[美] 梅琳达·盖茨——著 齐彦婧——译

北京联合出版公司
Beijing United Publishing Co.,Ltd.

图书在版编目（CIP）数据

女性的时刻 /（美）梅琳达·盖茨著；齐彦婧译．—北京：北京联合出版公司，2020.7

ISBN 978-7-5596-2372-0

Ⅰ．①女… Ⅱ．①梅… ②齐… Ⅲ．①女性—生平事迹—世界 Ⅳ．① K818.5

中国版本图书馆 CIP 数据核字（2020）第 063493 号

北京市版权局著作权合同登记图字：01-2020-1766 号

女性的时刻

作　　者：〔美〕梅琳达·盖茨
译　　者：齐彦婧
责任编辑：徐　樟
产品经理：任　菲
特约编辑：苏　格

北京联合出版公司出版
（北京市西城区德外大街 83 号楼 9 层　100088）
北京盛通印刷股份有限公司印刷　新华书店经销
字数 187 千字　880 毫米 × 1230 毫米　1/32　9.5 印张
2020 年 7 月第 1 版　2020 年 7 月第 1 次印刷
ISBN 978-7-5596-2372-0
定价：55.00 元

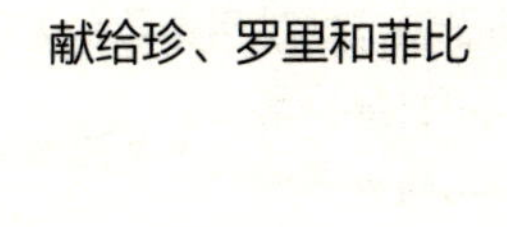

献给珍、罗里和菲比

我们最深的恐惧，就是自身蕴含无穷的力量。

——玛丽安娜·威廉姆森[1]

1 玛丽安娜·威廉姆森（Marianne Williamson， 1952— ），美国畅销书作家。——译者注（下文注释除特殊说明外，均为译者注）

Contents

目　录

引　子　V

第一章　一个伟大的想法　001

寻找被忽略的重点　011

一切只是刚刚开始　021

被我忽略的重点：对女性进行投资　023

第二章　为母亲注入力量　029

产妇与新生儿健康

理解既有的文化　045

村村都有助产士　047

第三章　最好的一切 057
自主计划生育

旧的对话将女性排斥在外 068
峰会过后——陈词滥调的回潮 076
全新的对话——在内罗毕展开 079
计划起来！ 082
写进法律的羞耻感 086
美国的情况 089

第四章　让她们抬起头来 095
女孩教育

教育：无可比拟的上升通道 100
催人向上的学校 102
校园里的女生 107
“发展的媒介” 111
孟加拉国的突破 112
挑战数个世纪的传统 113
改变女孩的自我认知 116

第五章　无形的不平等 123
无偿劳动

失衡的无偿劳动 127

先驱者们 132
揭露深藏的偏见 137
平衡分工即平衡婚姻 139
平等的伴侣关系——无偿劳动隐含的主题 141
这是我想要的 150
我为什么要现身说法 156

第六章 被噤声的女孩 161
童婚

与已婚女童交谈 169
大音希声的英雄 174
润物细无声的改变 176
谁给了我这个权利? 181

第七章 正视性别偏见 187
务农的女性

理解帕特里西亚 191
“种地的几乎全是女人” 194
不敢声张的“女性赋权” 198
彼此鼓舞 202
帕特里西亚的突破 205
写进法律的歧视 207
追溯性别歧视的源头 209

第八章　营造全新的文化 213
职场中的女性

营造自己的文化 225
当心，人不可貌相 230
怎么回事？ 235
当男性制定规则 238
需要，就说出来 245
事业与家庭可以兼得 249

第九章　拥抱心碎 255
凝聚使人向上

赋权的开端 264
找到我们的声音 270
我们是一家人 277
当女性走到一起 278

后　记 281
致　谢 285
可供读者参考的组织列表 289

Introduction

引　子

小时候，火箭发射是我生活中的大事。我生长在得克萨斯州的达拉斯市，来自一个天主教家庭，有三个兄弟姐妹，妈妈是一位家庭主妇，爸爸是参与过阿波罗计划的航天工程师。

在一个发射日，我们一家挤进汽车，去爸爸的朋友——也是一位航天工程师——家中观看发射盛况。升空前的倒计时让人把心都提到了嗓子眼。时至今日，我依然记忆犹新。“二十秒计时，倒数十五秒，内部导航启动[1]，十二、十一、十、九、点火，六、五、四、三、二、一、零。运转一切正常。升空！发射升空！”

这样的时刻总令我激动不已——特别是升空那一瞬间：引

---

1 原句“Guidance is internal”（内部导航启动）是负责 NASA 新闻和公共事务的杰克·金在“阿波罗号”发射倒计时中犯的一个口误。正确的说法是“guidance is inertial”，即“惯性导航启动”。

擎轰然点亮，四周地动山摇，火箭扶摇直上。马克·尼波（Mark Nepo）是我最喜欢的作家之一。最近，我在他的书中读到了“腾空而起”这个概念。马克用这个词描绘某个意境优美的瞬间，他写到：有什么飘然升空，“像丝巾迎风招展”。那一刻，他只感觉悲伤烟消云散，内心圆满。

马克笔下的“腾空而起”宛如一个奇迹。对我而言，奇迹有两重含义，它使人敬畏，也令人好奇。我心中充满敬畏，同时也无限好奇。我想知道“腾空”是怎么发生的！

相信我们都有过这样的经验：漫长的滑行接近尾声，我们坐在座位上，焦急地等待飞机腾空而起。孩子们年幼时，我总会在滑行中对他们说“滑呀，滑呀，滑呀”，等飞机一离地，就变成“飞啦”！他们大一点之后，也会跟着我一起念，这成了我们坚持多年的传统。不过在很多时候，我们总是说了太多的“滑呀，滑呀，滑呀”，却迟迟不见飞机离地。每到这时，我就会纳闷，为什么起飞需要这么长时间？！

为什么有时飞机迟迟不能起飞？有时又能一飞冲天？是什么让向上的力量终于克服下坠的阻力，越过那个临界点，让我们腾空而起，一飞冲天？

二十年来，我走遍世界，在全球为我和丈夫比尔共同创立的基金会工作。其间，我一直在思考：

我们该如何让全人类——尤其是女性——“忽而向上”呢？我之所以特别强调女性，是因为提升女性，就等于提升全人类。

同时，我也在思考如何提高人们的觉悟，让每个人都愿意帮助女性提升。因为有时，只要不去拖累女性，就是给她们翅膀。

旅途中，我看到不计其数的女性渴望自主决定是否生育、何时生育，却因为缺乏避孕措施而不能如愿。这不是女人和女孩失去的唯一权利，她们中许多人也不能决定是否结婚、何时结婚、与谁结婚；不能接受教育、赚取收入、走出家庭，甚至走出家门；她们不能支配个人财产、制定个人预算，也不能创业、贷款、置业、离婚、就医、参选、骑车、开车、上大学、学习编程或得到投资。在世界上的一些地方，女性无法尽享这些权利，其中一些被法律明令禁止，即使法律允许，歧视女性的文化也时常将它们剥夺。

我倡导女性权利的起点，是自主计划生育。后来，我又为另一些问题奔走呼号。不过在他人的指点下，我很快意识到，谈论自主计划生育和上述每一项议题都远远不够。我还必须大胆地为所有女性疾呼。同时我意识到，要争取与男性平等的地位，我们绝不能依靠零零散散、一点一滴的进步，而应该增强自身实力，赢取压倒性的胜利。

这些就是我从那些杰出的人身上学到的东西。现在，我想与各位分享他们的故事，其中有些令人心碎，有些则振奋人心。这些英雄修建学校、拯救生命、终结战争、救助女孩、改变陈规陋习。相信他们会启迪你的心灵。因为他们曾深深启发过我。

他们让我看到强有力的女性能带来怎样的改变，这正是我希望所有人看到的。他们向我证明了人如何凭一己之力影响世界，这也是我想与所有人分享的。因此，我提笔写下这本书，与世界分享这些英雄的事迹，是他们改变了我生活的重心和当务之急。我想让大家看到，人与人能够彼此扶助、共同发展。引擎已经点燃，大地开始震颤，我们正腾空而起。身处这个时代，我们比任何时候都更有知识、更有力量，也具备更敏锐的道德眼光，足以打破历史的循环。现在，我们需要每个志同道合的人都参与进来，无论男女。我们必须接纳每一个人，不将任何人排斥在外。我们的使命，是托起当今的女性——与此同时，为共同目标走到一起的我们，就是那股向上的力量。

01 第一章

一个伟大的想法

如果女性能自主决定生育与否、何时生育，结婚与否、何时结婚、与谁结婚；如果女性都能享有医疗保障，只承担合理的无偿劳动；如果我们都能得到梦寐以求的教育机会，能按自己的意愿支配金钱，能在工作中得到尊重，能拥有与男性同等的权利；如果其他人，无论男女，愿意帮助我们提升领导力，走上更高的岗位——那么女性就能实现发展，并带动我们的家庭与社区共同繁荣。

首先，我想简单做个背景介绍。我的高中时代是在达拉斯的乌尔苏拉会中学度过的，那是一所天主教女校。上高三那年，我去杜克大学参观，当即被计算机科学系征服，下定了来这里学习的决心。我进入杜克，五年后取得计算机科学本科学位和工商管理硕士学位。大学时代，我有好几个暑假都在 IBM 实习，毕业后得到了他们的录用，却没有接受，转而进入一家当时名不见经传的小软件公司，也就是微软。我在微软工作了九年，辗转多个职位，最终成为主管信息产品的总经理。如今，我从事慈善工作，主要致力于寻求各种方法，改善人们的生活——在工作中我时常感觉重任在肩，担心辜负人们的信任。同时，我也是比尔·盖茨的妻子。1994 年元旦，我们在纽约结婚，现在育有三个孩子。

这就是我的大致背景。现在，我想讲个长一点的故事——关于我如何走上女性赋权的道路，以及我帮助的人们如何带给我力量。

1995 年秋天，我与比尔结婚快两年时，我们计划前往中国。临出发前，我发现自己怀孕了。这次中国之行对我们至关重要。比尔难得能从微软的工作中抽身，况且还有别的夫妇与我们同行。我不想影响大家，所以打算回国后再告诉比尔。当时，有整整一天半的时间我都在犹豫，心想：还是先瞒着他好了。转念一想，又觉得这样不妥，我必须立刻告诉他，免得万一出什么问题。况且，更重要的是比尔有权知道，因为这也是他的孩子。

一天早上，我跟比尔坐下来，谈了怀孕的事，他听完有两个反应。首先，他为即将到来的宝宝欢欣雀跃，接着他说："你居然想过瞒着我？开什么玩笑？！"

瞧啊，我尚未为人父母，就差点犯下第一个错误。

我们去了中国，旅程十分精彩。怀孕带来的不适并不像想象中那么严重，只有一次，我们在中国西部一座历史悠久的博物馆参观，馆长掀开了一口古老的棺材。闻到那股味道，我飞快地夺门而出，竭力抑制晨吐——说是晨吐，其实它会发生在一天中的任何时候！我的一位女友见状，心想：梅琳达肯定怀孕了。

旅行结束后，比尔和我希望有机会独处，所以离队单独回国。我们聊了许多，其间，我的一句话把比尔吓了一跳。我说："孩子生下来我就无法继续工作了。我不回去上班了。""你不回去上班了？"他目瞪口呆地问，"这是什么意思？"我回答："我们很幸运，不缺我这份薪水。这关系到养育孩子的问题。你不会放慢工作节奏，而我也很难既带好孩子，又在工作中做出成绩。”

我之所以如实复述这段对话，是想事先摆明一个重要的事实：作为女性，我初次面临事业与家庭的抉择时，还很不成熟。以我当时的思维——一种无意识的惯性思维——有了孩子以后，男人理当在外工作，女人理当照顾家庭。坦白地说，我认为女性回归家庭无可厚非，不过她必须是自愿的，而不是被逼无奈。我不后悔当初的决定，再有一次机会，我依然会这么做。只是在当时，我以为这就是女人的天职。

其实，第一次有人问我是不是女权主义者时，我无言以对。我并不认为我是，因为我根本不知道女权主义者的定义——那是在我们的女儿珍未满一岁时。

二十二年后，我成了坚定的女权主义者。这对我而言十分自然。支持女权主义，就是相信女性有权发出自己的声音，挖掘自己的潜能，相信男性与女性应该共同努力，消除那些至今仍阻碍着女性发展的障碍与偏见。

即使是在十年前，我也不会说得如此坦然。但这些年来，我聆听过无数女性的心声——她们往往生活极度艰辛，她们的故事向我揭示了不平等的根源，让我知道人如何才能实现发展。正是这些经历，把我变成了坚定的女权主义者。

不过这些都是后话。1996 年那会儿，我还在用陈旧的性别观念看待问题，所以才对比尔说：“我不回去上班了。”

比尔听了大吃一惊。我是微软的一分子，这是我们婚姻中一个重要的共识。比尔 1975 年参与创办了这家公司。我 1987 年加入，是首届 MBA 班上唯一的女学员。不久，我们在公司的一场活动中相识。当时我正在纽约出差，我的室友（当时公司为了节省开支，差旅住宿都是两人一间）邀我参加一场我事先并不知道的晚宴。我到得很晚，所有的桌子都已坐满，只有一张还有两个相邻的空位。我坐进其中一个。不出几分钟，比尔就走进来，占据了另一个空位。

那晚我们一直在聊天，聊过了整场晚宴，我感觉他对我有些兴趣，不过他并没立即与我联络。直到一个周六下午，我们在公司停车场巧遇，他主动与我攀谈，约我两周后与他见面。我笑着说："好像不够冲动啊。选个近点的日子吧。"然后给了他我的电话。两个小时后，他打电话约我当天共进晚餐。"这次够冲动了吗？"他问。

我们发现彼此有许多共同爱好，都爱玩解谜游戏，而且都很要强。我们搞益智比赛，玩数学游戏。我赢了数学游戏，而且第一次玩《线索》就大获全胜，那是一款桌游，玩家必须推断杀人凶手是谁、在哪里作案、使用了什么武器。我想，这激起了他对我的兴趣。他向我强烈推荐《了不起的盖茨比》，那是他最喜欢的小说，而我已经读过了，而且是两遍。或许他就是在这时感觉找到了另一半。或者，用他的话说，是爱情的另一半。而我产生同样的感觉，是在看过他的唱片收藏之后——里面满坑满谷全是弗兰克·辛纳屈（Frank Sinatra）和狄昂·华薇克（Dionne Warwick）

的专辑。我们订婚后，有人问比尔：“梅琳达给你什么样的感觉？”他回答说：“不可思议的是，她让我渴望走入婚姻。”

比尔和我还有一个共同的信念，那就是计算机软件力量无穷、无与伦比。我们知道，为个人计算机编写程序能给普通人带来机构级的算力，而计算机的普及必将改变世界。因此，在微软度过的每一天都是那么激动人心，我们无时无刻不在快马加鞭地编写软件。

然而，那次谈话意味着我们很快就不能在微软并肩作战了，而且即使孩子们再大些，我也很可能回不去了。怀孕前，我曾斟酌再三，也就这个问题跟女友和同事们聊过，不过一怀上珍，我就下定了决心。比尔也没再劝阻，只是一再地问：“你说的是真的吗？！”

眼看珍出生在即，比尔开始问我：“那你之后打算做什么呢？”我曾那么热爱工作，他难以想象我会放弃生命中如此重要的一部分。他希望珍一出生，我就能投身新的工作。

他说得没错。我很快开始寻找新的机会，希望继续发挥自己的创造力，而在离开微软之前，我最关注的，就是如何帮助更多的女人和女孩投身科技行业，因为科技曾让我受益匪浅，无论是在高中、大学，还是工作之后。

在乌尔苏拉会中学，老师们为我们树立了社会平等的观念，对我们的学业严格要求，但学校仍未能完全克服当时的偏见，其中一些观念时至今日依然盛行。举个例子：我们附近还有一所达拉斯耶稣高中，那是一所天主教男校，也是我们的联谊学校。我校女生会去耶稣高中上算术和物理课，男生们则会来乌尔苏拉学习打字。

在高三开学前，我的数学老师鲍尔太太（Mrs. Bauer）去奥斯汀市参加了一个数学研讨会，在那儿见到了几台苹果 II + 电脑（Apple II + computer）。一回学校，她就说："咱们得给姑娘们弄几台。"当时的校长蕾切尔修女问她："买它做什么？没人知道这玩意儿怎么用啊。"鲍尔太太回答："只要你肯买，我就能学会怎么教。"就这样，学校想方设法凑齐了这笔钱，购置了学校的第一批个人计算机——全校六百名女生只有五台计算机，外加一台热敏打印机。

每天晚上，鲍尔太太都驱车前往北得克萨斯州大学，利用业余时间自费学习计算机科学，白天再把学到的知识传授给我们。她最终取得了硕士学位，我们得知后欣喜若狂。我们编写了数学解题程序，用计算机转换数字的基数，还做出了原始的单格动画。一次，我做了一张方形的笑脸，它会在屏幕上随着迪士尼歌曲《小小世界》的旋律运动。我并未意识到它是简陋的，当时的电脑还无法处理复杂的图像，我为它骄傲！

就这样，我爱上了计算机。因为幸运，也因为有一位兢兢业业的恩师，能说出"咱们得给姑娘们弄几台"这句话。在我的世界里，她是号召女性投身科技的第一人，而且，日后的工作经历告诉我，我们需要更多这样的人。我的整个大学时代都在跟男生们一起编写代码。初入微软时，我所在的 MBA 班上全是男性。我去微软面试时，经理中仅有一位女性。我直觉到这不太正常。

我希望女性也能公平地享有这些机会，这成为我第一份慈善工作的重点——那是在珍出生后不久。我认为要让女生接触计算机，最简单的办法莫过于与本地学区合作，把电脑送进公立学校。我跟几所学校有过深入接触，帮他们配备了电脑。我参与得越深，就越清楚，如果要为全国所有的学校配备电脑，花费将大得惊人。

比尔热忱地相信，科技应该惠及每一个人。当时，微软也在开展一个小规模的项目，给图书馆捐赠电脑，让更多人接触互联网。项目结束后，负责执行的微软团队准备向比尔汇报结果。比尔叫上我，说："嘿，你也来听听吧。这项目我俩应该都感兴趣。"听完各项数据，比尔和我异口同声地说："哇，我们应该在全国推广这个项目。你觉得呢？"

那时，我们的资金还非常有限，基金会只是一个设想。我们相信人人生而平等，却也看到世界并非如此，一些地区远比另一些地区贫困，也更容易遭受疾病侵害。我们想创办一个基金会，努力消除这些不平等，但我们还缺少一位领军者。我自己无法挑起这副重担，孩子们还太小，我还不能恢复全职工作。不过当时，微软的一位女性高管正要离职，她就是比尔和我都十分敬重、欣赏的帕蒂·斯通斯弗（Patty Stonesifer），于是，在她的告别派对上，我们大胆地问她是否愿意掌管基金会。她满口答应，就此成为基金会的元老级员工，在位于比萨店楼上的一间狭小办公室里为基金会无偿工作。

就这样，我们的慈善事业拉开了帷幕。当时我们还没生第二个孩子，罗里在珍三岁时才降生，所以我才能一边在家照顾珍，一边抽时间工作。

回首过去，我意识到在一切刚刚起步时，我面临着一个命运攸关的抉择："我是要成为职业女性，还是全职母亲？"而我的答案是："两个都要！"先在职场打拼，再成为全职母亲，然后一半一半，最终重返职场。我拥有两段职业生涯，同时还拥有一个我梦寐以求的家庭——因为我们足够幸运，无须依赖我的收入。此外，多年后，我才意识到自己之所以如此幸运，还多亏一种小药丸，让我能自由选择怀孕的时机与间隔。

后来，我开始和比尔并肩工作，寻求改变世界。尽管如此，我却从没发现自己用来优化家庭生活的避孕措施与改善世界最贫困人口的生活之间有什么关系。现在想来，这实在有些令人啼笑皆非。我们很早就开始提供自主计划生育服务，却没能理解它真正的价值，更不知道这项事业会把我推到台前。

显然，在自己的家庭生活中，我一向清楚避孕的重要性。我怀孕并非偶然，而是我在进入微软近十年后、在比尔跟我都做好充分准备时才做出的决定。珍出生三年后，我们迎来了罗里，再过三年又有了菲比，这一切也绝非意外，而是我和比尔共同的决定。当然，这当中也有运气的成分。我很幸运，想要孩子时就能顺利怀孕；同样幸运的是，我可以在不想怀孕时说“不”。因此，我们得到了想要的生活和理想中的家庭。

寻找被忽略的重点

2000年，比尔和我正式成立了比尔及梅琳达·盖茨基金会（Bill & Melinda Gates Foundation）。它由威廉·盖茨基金会（William H. Gates Foundation）与盖茨学习基金会（Gates Learning Foundation）合并而成。我们为它冠以夫妻二人的名字，是因为我会主要负责基金会的管理——当时我比比尔参与得多，因为他正完全投入微软的工作，未来八年都是如此。那时我们已经有两个孩子——四岁的珍刚上幼儿园，罗里刚满一岁——但想到能承担更多工作，我依然十分兴奋。不过，我事先就明确提出，我只想从事幕后工作。我愿意研究问题、外出学习考察，也喜欢介绍我们的策略，但在很长一段时间里，我都不愿意代表基金会出现在公众面前。我深知作为知名公众人物，比尔过着怎样的生活，我对那种生活并不向往。最重要的原因还是孩子们，我想更多地陪在他们身边，尽量为他们营造一个正常的成长环境。我十分重视这一点，也很清楚我一旦放弃自己的隐私，就很难保障孩子们的隐私（孩子们入学时注册的姓氏是我娘家的姓弗伦奇，所以暂且可以隐姓埋名）。最后，我选择甘居幕后，因为我是个完美主义者。我一向认为，自己应该对每个问题都能对答如流，而在当时，我并不认为自己的知识储备能满足为基金会代言的需求。所以，我事先就申明不做公开演讲，也不接受采访。这些都是比尔的工作，至少一开始是这样。

基金会成立之初，我们主要着眼于政府和立法者尚未着手的问题，或他们尚未尝试的解决方案。我们想找到那些被忽略的重点，以有限的资金促成显著的进步。1993 年，也就是我们结婚前一年，我们去了趟非洲，对慈善事业有了初步的认识。那时基金会尚未成立，我们也毫无头绪，不知该如何用投资改善人们的生活。

但旅途中的见闻令我们难以忘怀。我记得开车经过一座城镇郊外，看见一位孕妇背着一个宝宝，头上还顶着一大捆木柴。她显然已经赤脚步行了很久，男人们却穿着拖鞋，抽着香烟，不顶木柴，也不管孩子。再往前开，我又看见更多负重前行的女人。这让我开始想了解她们的生活。

从非洲回来，比尔和我在家办了场小型晚宴，款待时任杜克大学校长的南 · 基欧汉（Nan Keohane）。此前我几乎从没办过这样的招待，不过，我很庆幸自己这么做了。晚宴上，我们从一位研究员口中得知，贫困国家有众多儿童死于腹泻，而口服补液盐（Oral Rehydration Salts）能挽救他们的生命。随后，一位同事建议我们去看看《1993 年世界发展报告》（*World Development Report 1993*）。据报告显示，低成本的干预手段能大幅降低死亡人数，那些有需要的人却很难得到干预。没人愿意承担这份责任。

再后来，比尔和我在《纽约时报》上读到尼可拉斯·克里斯多夫（Nicholas Kristof）的一篇令人心碎的文章，其中讲到，在发展中国家，有数百万儿童因腹泻死亡。所有的故事、所有的文章都交叉印证着同一个事实：在贫困国家，无数儿童正因为种种美国儿童不会遭遇的问题而死去。

有时，只有经过多方印证，新的知识和感悟才会给人留下印象，而印象一旦形成，一切就开始逐渐清晰。读到那么多儿童死亡的案例，想到这一切本可避免，我和比尔开始琢磨，或许我们能为此做点什么。

最令我们震惊的是，极少有人关注这个问题。比尔在一次演讲中把它与飞机失事作了个对比。假如一架飞机失事，三百人会因此丧生，他们的家庭会悲痛万分，每份报纸都会刊登文章。而同一天，全世界有三万名儿童死去，他们的家庭同样悲痛万分，却没有一份报纸会刊登哪怕一篇文章。我们之所以对这些孩子的死一无所知，是因为那一切都发生在贫困国家，而富裕国家的居民对贫困国家并不关注。数百万儿童死于贫困，又因为贫困而不为人知，这给我的良知带来了严重冲击。我们在全球卫生保健领域的工作就从这里开始。我们逐渐看到了改变世界应该从哪里入手。

当时，基金会的目标是挽救孩子们的生命，我们第一笔大额资金就投向了疫苗行业。美国研发的疫苗通常要等十五到二十年才能惠及发展中国家的儿童，美国研发人员瞄准的那些疾病，也不是导致发展中国家儿童死亡的那些疾病。这样的现状令我们深感震惊。这是我们第一次清晰地看到缺乏市场激励带来的恶果：为贫困儿童生产疫苗完全无利可图，数百万儿童却因缺少疫苗而死去。

这给我们上了宝贵的一课。我们开始与各国政府及各大机构合作，共同创立了全球疫苗免疫联盟（the Global Alliance for Vaccines and Immunisation），希望借市场之力为全世界所有的孩子带去注射疫苗的机会。除此之外，我们还学到了一课，那就是世界上不存在孤立的问题，贫困与疾病总是相伴相随。

基金会成立之初，我去过一次马拉维（Malawi）。那天，看到许多母亲顶着烈日、排着长队给孩子接种疫苗，我深受触动。交谈中，她们会告诉我自己为此走了多远的路。其中不少人从十六至二十四公里之外远道而来，还带着干粮。她们不仅得带上那个需要接种的孩子，还得带上自己所有的孩子。在她们本就十分艰辛的生活中，这又是难挨的一天。不过我们正设法缩短她们需要步行的距离，尽量减轻她们的负担，鼓励更多母亲带孩子来接种。

我还记得自己问过一位带着年幼孩子的年轻母亲："你是带这些可爱的孩子去打针吗？"

可她的回答却是："谁来给我打针呢？为什么天这么热，我还得走上二十公里去打针？"她指的不是疫苗，而是醋酸甲羟孕酮，一种能让她避免怀孕的长效抗孕针剂。

她的孩子已经多得养不过来，所以她害怕再生更多。但为了注射避孕针剂，她必须一整天都带着孩子们长途跋涉，况且即使到了那个遥远的诊所，注射剂也可能早已告罄。这些问题都深深地困扰着她。而在那次访问中，她只是我接触的众多母亲之一。与她们交谈后，我的关注点从儿童免疫转向了自主计划生育。

我还记得自己在尼日尔（Niger）的一个村庄拜访过一位母亲，她叫萨迪·赛义尼（Sadi Seyni）。我们说话时，她的六个孩子就在一旁使尽浑身解数吸引妈妈的注意。像我见过的许多母亲一样，她也对我说："我不能再生孩子了。就这几个我都养不起！"

科罗哥丘是内罗毕一片规模庞大的贫民区，在那里，我见到了玛丽。她是一位年轻的母亲，靠贩卖碎牛仔布制成的背包为生。她把我请进家中，每天，她都得在这里一边缝背包，一边照看两个年幼的孩子。她平时会采取避孕措施，因为，用她的话说，"生活不易"。我问她丈夫是否赞成，她回答："他也明白生活不易。"

在这些旅途中，我发现，无论我出发时带着何种目的，我的所见所闻总是指向妇女的避孕需求。在一些地方，每个女人都经历过丧子之痛，所有人都至少认识一位难产而死的母亲。更多的母亲急于寻求避孕手段，因为她们养活现在这些孩子都很艰难。我渐渐明白，女人们为什么总是提到避孕措施，即使她们知道那并不是我此行的目的。

我看到的那些数据，是这些女性真实的人生。

2012 年，在全球最贫困的六十九个国家，有 2.6 亿女性采取避孕措施，另有2亿女性希望获取避孕药具，却求助无门。这意味着在这些发展中国家，不计其数的女性会过早、过晚、过于频繁地怀孕，超出她们身体所能承受的限度。如果发展中国家的女性能将生育间隔扩大到三年以上，每个孩子活过一岁的概率会提高近一倍——活过五岁的概率也会高出35%。这足以证明推广避孕措施，势在必行。不过，提高儿童存活率只是原因之一。

持续时间最长的一项公共卫生保健研究可以追溯到20世纪70年代，当时，项目工作人员在孟加拉国的几个村庄给一半家庭发放了避孕药品，另一半没有发放。二十年后，研究人员发现，服用避孕药品的母亲更为健康，她们的孩子成长得更加茁壮，而且她们的家庭经济状况更好，女性收入更高，子女受教育程度更高。

原因很简单：只要能自主安排怀孕的时间与间隔，女性就有更多机会继续学业，赚取收入，保障子女健康，也能把更多时间、金钱投入到孩子所需的食品、照顾和教育当中，让子女茁壮成长。只要潜力得到充分发挥，孩子们就不会陷入贫困。这就是家庭，甚至国家摆脱贫困的道路。实际上，过去五十年来，没有一个国家能在不推广避孕措施的情况下摆脱贫困。

基金会很早就开始捐赠避孕药具，但我们的投入与它带来的社会效益完全不成正比。直到多年后，我们才真正意识到，避孕药具堪称史上最有助于拯救生命、终结贫困、造福女性的发明。

完全认识到自主计划生育的力量之后，我们知道，基金会必须把普及避孕药具作为重中之重。

当然，这不仅是投入更多资金的问题。我们还需要资助制药机构，研发副作用更小、药效更持久、造价更低廉的避孕药品，让女人们在本村庄或家中就能服用。我们还需要在全球开展工作，与各国政府、跨国机构和制药企业通力合作，与当地合作伙伴共同努力，让女性能在居住地享受自主计划生育服务。我们还希望更多人能挺身而出，为那些默默无闻的女性发声。那时我已经结识了众多杰出的工作者，其中一些已在自主计划生育领域耕耘了数十年。我尽可能多地与人们交流，想知道基金会能为他们提供哪些帮助，如何才能帮他们扩大音量。

不过听了我的问题，他们无一例外都会尴尬地陷入沉默，仿佛答案就在眼前，我却视而不见。终于，他们中有人告诉我："成为其中一员，就是对公共领域活动家最大的支持。你得加入我们。"

这不是我想要的答案。

在生活中，我十分注重隐私——在某些方面甚至十分腼腆。在学校，我总是举手发言，别的同学则会坐在后排喊出自己的答案。我喜欢从事幕后工作，更愿意分析数据，检查工作，与人交流，制定策略，解决问题。在那个阶段，我已经习惯了做演讲和接受采访。突然，朋友们、同事们和各路活动家都希望我站出来公开倡导自主计划生育，我被吓住了。

我想，哇哦，我真的要公开提倡自主计划生育吗？毕竟，这可是一个政治色彩强烈的议题，也是我的教会和众多保守派极力反对的。时任基金会首席行政官的帕蒂·斯通斯弗给我打了预防针："梅琳达，如果基金会全面涉足这个领域，你将会成为众矢之的，因为你是天主教徒。所有质疑都会冲着你来。"

我明白对我而言，这将是个巨大的转变，但世界显然需要重视自主计划生育。尽管倡导者们满腔热忱、付出了数十年的努力，但总体来讲，自主计划生育方面的进步依然十分缓慢。它已不再是全球卫生保健领域的重点议题。这样的现状，一方面是因为这个问题在美国被过度政治化了；另一方面，在全球，艾滋病预防和疫苗接种计划吸引了大部分的资金和关注，自主计划生育问题却被忽视了。（当然，由于艾滋病盛行，人们的确开始广泛发放安全套，但对许多女性而言，安全套并不能起到很好的避孕作用，原因我稍后解释。）

我知道公开出面提倡自主计划生育会招致种种非议，那是我过去所不习惯的，而且这项工作也会占据我很多的时间和精力，影响基金会别的活动。渐渐地，我意识到，要说有什么事业值得我付出这样的代价，那一定是自主计划生育事业。这是我发自肺腑的切身体会。在我的家庭生活中，自主计划生育是不可或缺的一环，有了它，我才能在发展事业的同时照顾好每个孩子。它简单、实惠、安全、有效——我身边所有的女性朋友都在进行自主计划生育，世界上却有几亿需要避孕的女性得不到它。这种不平等的现状毫不合理。实施自主计划生育的工具平淡无奇、随处可见，却具有拯救生命的力量。看到那么多妇女和儿童因为得不到它而失去生命，我实在无法袖手旁观。

同时，我也考虑了自己对子女的责任。现在，我有机会挺身而出，为默默无闻的女性发声。如果我对它说不，那我会为孩子们树立什么样的榜样呢？难道我希望他们将来面对困难裹足不前，说这都是跟我学的？

我母亲也深刻地影响了我的选择，尽管她本人或许并不知情。在我小时候，她总是说："你如果不为自己的生活做主，别人就会替你代劳。"如果我不在日程表上排满我认为重要的工作，别人就会给我安排他们认为重要的工作。

最后，旅途中遇到的女性总令我难以忘怀，其中最打动我的那些人，我还保留着她们的照片。若我有机会帮助她们却选择拒绝，那她们又何必向我敞开心扉，与我分享她们的人生经历？

想到这儿，我下定了决心。我要直面自己的恐惧，公开倡导自主计划生育。

我接受了英国政府的邀请，同其他机构联合赞助了一次自主计划生育峰会，吸引了众多国家首脑、行业专家和活动人士出席。我们决定把自主计划生育方面的预算提高一倍，将这个议题列为工作重点。我们要重提一项尘封已久的承诺，争取让全世界所有女性都用上避孕药具，让女性自行决定生育与否、何时生育。

不过，我依然需要厘清自己的职责，思考基金会接下来需要做些什么。召开一次国际峰会、谈谈避孕、签署一项宣言就各自离开，这显然远远不够。我们还必须制定目标，规划路线。

2012 年，我们与英国政府在伦敦紧锣密鼓地举办了这场峰会。两周后，也就是 7 月底，伦敦奥运会开幕，吸引了全球的目光。

峰会引来媒体争相报道，这些文章强调了自主计划生育的重要价值，认为它足以拯救生命。英国医学期刊《柳叶刀》（*The Lancet*）刊发了一项由英国政府和我们基金会共同资助的研究结果。报告显示，采取避孕措施能将死于难产的女性人数减少三分之一。救助儿童会（Save the Children）的一项报告指出，每年有上百万名不满二十岁的少女在分娩过程中死亡或受伤，生育是少女死亡的最大诱因。这些结论为会议带来了一种紧迫感。

出席峰会的嘉宾为数众多，其中不乏政府首脑。我的演讲十分顺利，令我深感欣慰。我明白，会议成功与否，终究还是取决于我们能争取到谁的支持，能筹集多少善款。万一各国领袖对我们的倡议并不买账呢？万一各国政府并没有提高拨给自主计划生育的预算呢？我有好几个月都寝食难安，就像担心自己精心筹划的派对无人出席。与派对不同的是，峰会一旦失败，就会引发媒体关注。

我不想说我的担忧毫无必要，实际上，正是这种担忧促使我为工作殚精竭虑。最终，我们得到的支持、筹到的善款都大大超出了我的预期。英国把自主计划生育方面的预算提高了一倍。坦桑尼亚、卢旺达、乌干达、布基纳法索总统及马拉维副总统出席了会议。一些发展中国家承诺将向自主计划生育领域投入二十亿美元，几位总统在其中发挥了举足轻重的作用。其中包括塞内加尔，它承诺将相关预算提高一倍，肯尼亚也将这方面的预算提高了三分之一。所有与会者决定共同努力，在未来十年内让新增的1.2 亿女性用上避孕药具。我们把这项运动称为“自主计划生育2020”（FP2020）。在这次峰会上，我们为普及避孕药具筹措到了史上最多的善款。

一切只是刚刚开始

我高中时代的好友玛丽·雷曼（Mary Lehman）与我一同来到伦敦，会议结束后，我跟她和会上几位声誉卓著的女性共进晚餐。我们都喝着红酒，体会着心中的满足。我自己更是松了口气，庆幸这一切终于告一段落。在几个月紧张的策划与持续的担忧之后，我终于可以放松放松了。

就在这时，在座的女性纷纷对我说：“梅琳达，难道你看不出来？自主计划生育只是女性迈出的第一步！我们必须迈向更广泛的议题！！”

在座的所有人中，只有我从没想过这点，我听罢十分惊讶——也感觉不堪重负。我不想听到这句话。晚餐过后，我在车上不断地对玛丽说：“玛丽，她们是在开玩笑吧。”我噙着泪水反复告诉自己：绝对不行。该做的我都做了，我肩上的担子已经够重的了，况且，为了实现我们刚刚制定的各项目标，单是自主计划生育方面的工作就已经堆积如山，遑论涉足更广泛的女性议题。

几天前，我刚访问过塞内加尔，那里的见闻令我难过不已。在这种时候，我尤其难以接受那种要我承担“更多”的呼声。在塞内加尔，我与一群女人坐在一座棚屋里，听她们谈论“女性割礼”。她们都行过割礼。其中不少人还曾把自己的女儿按在手术台上，强迫她们接受割礼。当天的活动由我的同事、曾在塞内加尔工作数十年的莫莉·梅尔钦（Molly Melching）担任翻译。这些女人讲述时，莫莉对我说：“梅琳达，有些内容我就不翻译了，你听了会受不了的。”（后来，我不得不硬着头皮问她隐去了哪些内容。）

这些女人告诉我，如今她们都反对割礼。但年轻时，她们都担心女儿不行割礼就会嫁不出去。当女儿失血过多、撒手人寰时，她们就认为那是恶灵作祟。现在，她们意识到这些都是谎言，已经在村里废除了割礼。

她们认为这个故事代表着进步，当然，这毋庸置疑。但要理解它为什么堪称进步，我们就必须看到这种仪式是多么残酷，而且依旧多么盛行。她们既让我看到了长足的进步，也让我明白在这个国家，女孩们依然处境艰难。这一切令我感到恐怖——我听得呆若木鸡。当时，我感觉任何努力都是无尽的徒劳，都是我的精力和资源无法承受的。所以，我对自己说：“我放弃。”

我想，大多数人一生中或许都经历过想对自己说“我放弃”的时刻。最终我们总会发现，“放弃”只是一种痛苦的迂回，通向更坚定的承诺。不过在伦敦的那场晚宴上，听着在座的女性谈论我们还能做出多少努力，我整个人还困在从塞内加尔带回来的沮丧之中。所以，我在一周之内对自己说了两次“我放弃”。在我的能力和需要完成的事之间，横亘着一道鸿沟。望着它，我在心里对自己说：“不！”

尽管没说出口，但我绝对是认真的。直到后来逐渐打开心结，我才明白那一声“不！”其实只是接受之前最后的抵抗。我必须接受自己无法凭一己之力抚平塞内加尔女孩的伤痛，或照顾全球所有女性的需求。我必须接受自己能力有限，只能尽我所能做出贡献，我可以为自己无法帮助的女性心碎，但必须始终保持乐观。

随着时间的流逝，我内心的声音渐渐变成了“好的”，这时，我才明白那天在伦敦，在座的女人想对我说什么。自主计划生育的确是我们迈出的第一步，但这第一步的意义绝不仅仅在于推广避孕药具，更在于培植女性的力量。自主计划生育对女性而言，不仅意味着掌握生育问题的决定权，更是一个关键的切入点，让我们能够突破长期拖累女性的种种障碍。

被我忽略的重点：对女性进行投资

几年前，在印度，我访问了一些女性自助互助小组，见证了女性如何相互扶助。我看到的，是女性彼此帮衬、共同提升，而这一切都从敞开心扉、畅所欲言开始。

这些年来，基金会资助的女性互助小组为数众多，主旨各不相同：有的旨在防止艾滋病蔓延，有的帮助农村女性买到更优质的种子，有的专门帮女性获得贷款。成立小组的理由不胜枚举。无论出于什么样的初衷，女性一旦掌握信息、工具和资金，并意识到自身的力量，就会一跃而起，带动团队实现目标。

在印度，我拜访了一些农村女性。她们都来自同一个自助小组，每个人都买到了新型的种子，种出了更多作物，提高了收成——每个人都亲切地与我分享她们的故事。“梅琳达，过去我在家里只能住另一间房，家里人甚至不准我跟婆婆一起出现在主屋。我住在屋后的一间房里，连肥皂都没有，只能用炭灰洗脸。现在我有钱了，能自己买肥皂了。我的纱丽也洗得干干净净。婆婆更尊重我了，也允许我进屋了。而且我攒的钱越来越多，还给儿子买了辆自行车。”

如果你想得到婆婆的尊重，就给儿子买辆自行车吧。

为什么这样做能赢得尊重？这并不是当地特有的现象，而是放之四海而皆准的真理。这位媳妇赢得了婆婆的尊重，是因为她用自己的收入改善了家人的生活。一旦激发出自己的才华和潜能，我们女性就能用自己的声音表达自己的价值观，从而改善所有人的生活。

提升女性权利能促进家庭兴旺、社会繁荣。原因非常简单：接纳那些被排斥在外的人能让每个人受益。女性占世界人口的一半，将全球的女人和女孩纳入对话当中，就是在帮助每一个群体的全体成员。性别平等能为所有人带来发展。

提高女性的社会参与度和社会地位，往往与健康社会的各项指标相辅相成——它能带来较高的入学率、就业率和经济增长率，降低未成年怀孕、家庭暴力和犯罪的发生率。同时，社会健康、社会财富也会相应提升。一些由男性主导的国家之所以深陷困境，不光是因为他们没有利用本国女性的才华，更是因为当权的男性惯于排斥女性。除非改变领导方式或转变思想，否则这些国家永远不可能实现繁荣。

人类必须认识到，女性赋权与社会的健康繁荣息息相关。这也是被我们，或者说被我忽略的一个重点，正像过去二十年的工作带给我们的种种启示一样。要实现人类的进步，就必须从培植女性的力量做起。在对所有人的投入当中，投资女性是最全面、最广泛、回报率最高的一种。

我很想告诉你，我是在何时何地领悟到这个道理，但我说不上来。它就像朝阳一样缓缓升起，逐渐浮现在我脑海中——它属于一种全新的认识，这些认识，来自其他女性的分享与促进，她们与我有着共同的立场，都希望加快世界的转变。

基利安·诺埃（Killian Noe）是我的一位挚友，她创立了一个名为康复咖啡馆（Recovery Café）的机构，专为无家可归、酒精或药物成瘾、罹患精神疾病的人服务，帮助他们重拾生活的信心。在基利安的启发下，我开始更深入地探究问题。而且她所有的朋友都知道，她最爱提的问题就是：“跟过去相比，你对什么有了更深的认识？”我喜欢这个问题，因为它体现了学习和成长的过程。智慧并非知识的简单堆砌，而是对宏观事实的深刻理解。在朋友、伙伴、先驱的支持和启发下，我每年都更清晰地看到，文化、金钱和法律上的障碍就是造成贫困与疾病的罪魁祸首，它们制约着女性，让她们不能——也不相信自己能——为自己和子女谋福利。

就这样，女人和女孩成了我着手干预贫困问题的切入点。本书的每个章节都聚焦一个性别问题，它们包括：母婴健康、自主计划生育、女性及女童教育、无偿劳动、童婚，以及农业生产和职业领域的女性。造成这些问题的根源，就是那些阻挡女性进步的障碍。女性一旦打破这些障碍，就能敲开机会的大门，不但可以摆脱贫困，还能与男性平起平坐，无论她们来自何种文化，无论她们所在的社会处于何种发展水平。毫无疑问，提高女性的地位，是最能推动世界进步的变革。

研究数据也证实这二者的确密切相关。审视贫困，你总会发现贫弱的女性，而探究繁荣富裕的原因，你总能找到拥有力量并懂得善用的女性。

如果女性能自主决定生育与否、何时生育，结婚与否、何时结婚、跟谁结婚；如果女性都能享有医疗保障，只承担合理的无偿劳动；如果我们都能得到梦寐以求的教育机会，能按自己的意愿支配金钱，能在工作中得到尊重，能拥有与男性同等的权利；如果其他人，无论男女，愿意帮助我们提升领导力，走上更高的岗位——那么女性就能实现发展，并带动我们的家庭与社区共同繁荣。

女性面临的问题可以是一道高墙，不过我们也可以把它视作一道大门。究竟是哪一个？我想我心中已经有了答案。今天，在每个当家做主的女性心中，“每道高墙都是一扇大门”[1]。

让我们携起手来，一同打破高墙，跨入大门。

---

1 美国思想家拉尔夫·沃尔多·爱默生的名言。

02

第二章 为母亲注入力量

产妇与新生儿健康

极端贫困的实质，是你无论多么努力都无法摆脱困境。贫困，意味着无力保护自己的家人；贫困，意味着你不能像那些衣食无忧的女人一样挽救孩子的生命。母亲最强烈的本能莫过于保护自己的孩子，因此，贫困也是世界上最具剥夺性的力量。在深陷贫困中的国家，女性往往被推向边缘，成为社会的局外人。

要想在消除贫困的同时为女性注入力量，只有一种方法，那就是帮助母亲保护子女。

2016 年，我前往欧洲，途中专程造访斯德哥尔摩，与一位偶像话别。

2017 年，汉斯 · 罗斯林（Hans Rosling）去世。他是一位具有开创性的国际卫生学教授，曾致力于向卫生专家传授他们工作中必不可少的知识，因而声名远扬。他做过一系列令人印象深刻的 TED 演讲，视频累计观看次数超过 2500 万。他与儿子儿媳合著了《事实》（*Factfulness*）一书，告诉人们这世界往往好于我们的想象。他还与儿子夫妇共同创立了盖普曼德基金会（Gapminder Foundation），率先用数据和图表呈现世界的真相。这些都让他为大众所熟知。对我个人而言，汉斯是一位睿智的导师，他讲述的那些故事，让我能以当局者的视角看待贫困。

在此，我想分享其中一个故事，它让我看到了极端贫困带来的恶果，也让我意识到提升女性的力量，或许能成为终结极端贫困的关键。

在此之前，我必须坦承，我对汉斯·罗斯林的景仰有些一厢情愿，起码一开始是这样。2007 年，我在一次会议上发言，汉斯也在场，当时我们还不认识。事后他告诉我，起初他对我并不信任，总觉得美国的亿万富翁只会施舍钱财，把事情搞得一团糟！（他的担忧不无道理。之后我会详谈。）

不过他说，我赢得了他的信任，因为我试着讲述自己在非洲、南亚的见闻，分享我从助产士、护士和母亲们那里获得的第一手经验，而不是舒舒服服地待在西雅图，靠分析数据纸上谈兵。我讲述了一些农村女性的故事，她们为了领取避孕药具，不得不放下手中的农活儿，步行前往数英里外的保健站，顶着烈日排起长队，最终只等来断货的消息。我提到助产士们的不满，因为他们工资微薄，培训缺位，更没有救护车。与他们交流时，我着意摒除成见，让心中充满好奇，深怀学习的渴望。后来，我发现汉斯与我不谋而合，而且他开始得远比我早，用心远比我深。

汉斯早年与妻子阿格妮塔（Agneta Rosling）——也是一位杰出的专业医疗人员——迁往莫桑比克，在一个远离首都的贫困地区行医，那时，他还是一名年轻的医生。该地区拥有 30 万人口，医生却只有两名，他就是其中之一。他把当地居民都看作自己的病人，即使他与其中大多数人素未谋面。这里每年有 15000 名婴儿诞生，3000 名儿童死亡。也就是说，每天平均有 10 个孩子夭折。汉斯治疗的疾病从腹泻到疟疾，从霍乱到肺炎，再到难产，可谓包罗万象。两名医生要覆盖 30 万人，当然就什么都得治。

这段经历造就了他，并让他领悟了一个道理，也就是他后来教给我的东西。自我们认识那天起，汉斯和我只要在活动中遇见，就一定会抽时间叙叙，哪怕只是休息时到走廊上聊几分钟。在这一次次或长或短的会面中，汉斯成了我的恩师。他不但让我了解了极端贫困，更启发我回顾过去，更深刻地理解自己昔日的见闻。“极端贫困会带来疾病，是邪恶的藏身之处，”他说，“它是埃博拉病毒的源头，也导致博科圣地绑架女孩[1]。”我花了很长时间才领悟到他早已懂得的道理，尽管我已经极其幸运，有他本人点拨。

今天，全球有 7.5 亿人生活在极端贫困之中，这个数字与 1990 年的 18.5 亿相比有所下降。据权威机构定义，极端贫困人口即每日生活费用低于 1.9 美元[2]的人。但数据根本无法揭示他们生存的绝境。极端贫困的实质，是你无论多么努力都无法摆脱困境。你找不到出路，努力毫无意义，你被人们远远甩在身后，而他们本可以拉你一把。这就是汉斯教给我的道理。

在我们多年的友谊中，他常说：“梅琳达，你得多关注社会边缘人。”我们想为这些人效劳，于是共同努力，尽量以他们的视角看待生活。我向汉斯谈起自己第一次代表基金会出访的经历，

---

1 博科圣地（Boko Haram）是尼日利亚的宗教激进主义极端组织。2014 年 4 月 14 日至 15 日，该组织在尼日利亚博尔诺州奇博克镇官立中学绑架了 276 名女中学生，随后有一些人质陆续逃脱或获释。截至 2018 年，仍有 112 人失踪。

2 约合人民币 12.7 元。该标准由世界银行于 2015 年 10 月按照购买力平价计算。

向他描述途中遇到的人们如何令我肃然起敬，因为我深知，若是置身他们每日的处境，我早就被生活摧毁了。

我去过一座大城市的贫民窟。那里最让我惊讶的并不是幼小的孩子一哄而上，拥到车前乞讨。这都在我意料之中。真正令我震惊的，是看到年幼的孩子照料更小的孩子。当然，我不该诧异，这显然是因为贫困的母亲别无选择，她们必须外出工作。在城市里，生存是首要问题。但她们幼小的婴儿又留给谁来照顾呢?五六岁的儿童抱着婴儿走来走去，那就是他们日间的工作。一个五岁的小男孩与朋友追逐嬉闹，怀里抱着一个摇头晃脑，还不懂控制身体的婴儿。几个孩子在一个屋顶玩耍，电线触手可及；另一些在街边的下水道旁奔跑，不顾污水顺流而下。我看见孩子们在滚烫的锅边嬉戏，锅里煮着小贩们售卖的食物。每天都面临着这样的危险，这就是这些孩子生活的现实。即使母亲们拥有更好的选择，这种现状也很难改变——何况她们根本别无选择。她们必须外出工作。在如此艰苦的条件下，这已经是她们力所能及最好的照顾了。为了供养孩子，她们日复一日辛勤地工作，令我肃然起敬。我时常与汉斯分享见闻，我想，可能正因如此，他也愿意与我分享见闻。就在他去世的前几个月，汉斯给我讲了一个故事，他说，这个故事最能揭示贫困的本质。

20 世纪 80 年代，汉斯在莫桑比克行医。他负责的地区暴发过一次霍乱疫情。当时，他每天都开着他那辆医疗吉普，带着为数不多的几名助手主动搜寻霍乱患者，而不是坐在诊所等他们上门求医。

一天，他们乘着暮色驱车前往一座偏僻的村庄。那里大约有五十间民房，都用泥砖砌成。村里种了一些木薯和腰果，却没有驴子、奶牛和马，因而交通十分不便，产品无法外销。

汉斯一行抵达后，一群人朝车窗里探头探脑，用葡萄牙语喊着“高个子医生，高个子医生”。当地人就是这样称呼汉斯的——不是“罗斯林医生”，也不是“汉斯医生”，而是“高个子医生”。大多数村民都没见过他，不过都对他早有耳闻。现在，高个子医生来到了他们村。下车时，他用葡语问村里的首领：“你们会说葡语吗？”“会一点点。”他们回答，“欢迎您，高个子医生。”

汉斯又问：“你们怎么会认识我呢？”

“噢，村里人都认识您。”

“可我从没来过啊。”

“是啊，您从没来过。所以我们见到您才这么高兴。我们太高兴了。”其他人也都附和说：“欢迎欢迎，高个子医生。”

人们越聚越多，围观人群逐渐扩大。很快，汉斯周围已经聚集了五十多人，每个人都微笑着打量高个子医生。“可你们村的人很少去我们医院啊。”汉斯说。

“没错，我们很少去你们医院。”

“那你们是从哪儿听说我的呢？”

“噢，大家都很尊敬您。特别尊敬您。”

“尊敬我？可我从没来过啊。”

“对，您是没来过。我们也确实很少去你们医院，但有个女人去过，您给她治过病。所以大家都很尊敬您。”

“噢，是你们村的女人？”

“对，我们村的。”

“她为什么去医院呢？”

“因为难产。”

“所以她是来接受治疗的？”

“是的，您治疗过她，所以我们尊敬您。”

汉斯有些飘飘然了，就问：“我能见见她吗？”

“不行。”大家七嘴八舌地说，“您见不到她。”

“为什么？她在哪儿？”

“她死了。”

“噢，我很遗憾。她已经死了？”

“是的，在您给她治疗的时候。”

“你们说她当时是难产？”

“是的。”

“谁送她去的医院呢？”

“她的兄弟们。”

“你们确定她去了医院？”

“去了。”

“我还给她治疗过？”

“治疗过。”

“然后她还是死了？”

“是的，她死在您的手术台上。”

他们不会怪到他头上吧？汉斯替自己捏了把汗。他们会在他身上发泄丧亲之痛吗？他回头瞟了一眼，看司机还在不在车上，准备随时开溜，结果发现自己已经插翅难逃。他只好放缓语气，一字一句地跟村民们交谈。

“所以这女人得的是什么病？我不记得她了。”

“噢，不可能的，您肯定记得她，因为那孩子是胳膊先出来的。接生婆想拉着胳膊把孩子拽出来，但失败了。”

（汉斯解释说，这叫“臂先露”。胎儿头部横位，导致分娩不畅。）

汉斯一下子全想起来了。产妇被送来时，孩子已经死亡。他必须取出死胎，挽救母亲的生命。他不能做剖腹手术，因为缺乏准备，当时没有手术套件。于是他选择了“截胎法”（将胎儿切割后从母体取出），结果产妇子宫破裂，因失血过多死在手术台上。汉斯对此无能为力。

“是的，这事太悲惨了。”汉斯说，“非常悲惨。我本想把胎儿的胳膊切掉，保全她的性命。”

“是的，您切掉了胎儿的胳膊。”

“没错。我试着切割胎儿，一点一点取出来。”

“是的，您想把它一点一点取出来。您就是这么对她兄弟说的。”

“对她的去世，我实在非常遗憾。”

“是啊，我们也很遗憾。她是个好女人。”村民们说。

寒暄之后，汉斯感觉话都说得差不多了，就带着好奇，鼓起勇气问：“可我没把她救活啊，你们为什么还尊敬我呢？”

“噢，我们知道她很难救活。遇上孩子胳膊先出来，大多数女人都会死。我们知道这不容易。”

“那你们为什么尊敬我呢？”

“因为您后来做的事。”

“我做了什么？”

“您走出手术室，去院子里拦住疫苗车，追上去把它叫回来。从车上搬走几个盒子，腾出地方，又让人用白色被单把我们村的那个女人裹起来。被单是您找的，您还给切碎的胎儿也找了一小块被单。然后你让人把她的尸体抬上吉普车，还让您的一位助手下来，给她兄弟腾地方，让他们护送她回家。惨死之后，她当天太阳还没落山就回到家了。傍晚我们给她举行了葬礼，她们全家都来了，一个不落。我们从没想过有人会这么尊重我们这些生活在丛林深处的贫苦农民。您的举动赢得了我们的敬重。太谢谢您了。我们不会忘记您的。”

说到这里，汉斯停下来告诉我：“这不是我的主意，而是罗莎修女（Mama Rosa）的。”

罗莎修女是与他共事的一位天主教修女。她曾叮嘱汉斯：“截胎之前先征求患者家属的同意。不等他们点头别贸然截胎。手术过后，他们只会问你要一样东西，那就是死去的胎儿。到时候你就说：‘我会把所有部位都给你们，再帮你们把胎儿包起来。’这样做就对了。他们不希望把胎儿的器官留给任何人，一定要确认每个部位都在。”

接着，汉斯解释说：“这女人死后，我泣不成声。罗莎修女搂住我的肩膀说：‘这女人来自一个特别偏远的村庄。我们得送她回家。否则她们村的人十年都不会来医院看病。”

“可我们该怎么送她呢？”

“快去拦疫苗车。”罗莎修女吩咐我，“去把它追回来。”

汉斯照做了。“罗莎修女了解人间疾苦。”他说，“要不是她，我根本想不到这么做。生活中有许多事明明应该归功于年轻人或者女性，但功劳往往被年长的男性占去了。这不公平，但这就是现实。”

这就是汉斯对极端贫困最深入的见证。极端贫困不仅意味着每天只能靠一美元勉强度日，更意味着即使生命垂危，也不得不辗转数日前往医院。身处极端贫困中的人们如此敬重一位医生，不是因为他挽救了患者的生命，而是因为他愿意把逝者送回家中。

如果这个女人居住在相对富裕的地区，而不是身处社会边缘，生活在莫桑比克偏远丛林里的农民当中，那她根本就不会失去孩子，更不会失去生命。

这就是贫困真正的含义，也是我在工作中逐渐积累的认识和汉斯的故事揭示的道理：贫困，意味着无力保护自己的家人，贫困，意味着你不能像那些衣食无忧的女人一样挽救孩子的生命。母亲最强烈的本能莫过于保护自己的孩子，因此，贫困也是世界上最具剥夺性的力量。

如此一来，要想在消除贫困的同时为女性注入力量，只有一种方法，那就是帮助母亲保护子女。我跟比尔的慈善工作就从这里起步。不过在当时，我们还没想到这个说法，只觉得世界上最严重的不公，就是儿童因家庭贫困而死去。

1999 年年末，我们发起了基金会的第一个全球项目，与各国政府及民间组织一道努力，设法降低五岁以下儿童的死亡率。该项目的重要组成部分之一，就是在全球推广一套基础疫苗。自 1990 年以来，它使全球的儿童死亡率降低了一半，从每年 1200 万人降低至 600 万人。

可惜的是，新生儿存活率——婴儿出生头二十八天的成活率——没有实现同步增长。在不满五岁就夭折的儿童中，近半数死于出生第一个月，其中出生当天就死去的最多。这些孩子都诞生在世界上最贫困国家，其中许多地区都远离医院，根本不具备医疗条件。许多婴儿的家庭分布在偏远地区，妇女分娩时，她们的家人只会采用几个世纪以来的传统方法。面对这样的情况，我们该怎么拯救数百万婴儿的生命呢？

我们也不知道。不过要想止于至善，我们就必须到最险恶的地方去。因此，我们想尽各种办法，力图挽救母亲和新生儿的生命。母婴死亡最普遍的诱因是缺乏专业的医护服务。每年，有4000万女性在分娩时无法获得助产服务。我们发现，解决这个问题最好的办法——至少是我们力所能及的最佳手段——就是培训和派遣更多的医护人员，在女性分娩的过程中提供助产服务，并在分娩后数小时至数天的时间里进行陪护。

2003年，我们了解到维什瓦杰特·库玛尔（Vishwajeet Kumar）医生所做的工作。这位曾在约翰·霍普金斯医院[1]接受过专业培训的医生来到一个名叫希沃格尔的村庄，开展了一个能够拯救生命的项目。这个村庄位于北方邦，那是印度最贫困的地区之一。

在项目实施过程中，维什瓦杰特与一位名叫阿尔蒂·辛（Aarti Singh）的女士结为连理。阿尔蒂是一位生物信息学专家，婚后，她开始运用自己的专长为产妇及新生儿设计项目，实施评估。这个项目被村民们称为“萨克瑟姆”（Saksham），意即“赋权”，阿尔蒂成为项目组不可或缺的一员。

通过研究印度偏远贫困地区的人口出生情况，维什瓦杰特和“萨克瑟姆”项目组发现，当地许多通行的做法严重威胁着新生儿的健康。他们相信预防新生儿死亡只需借助一些成本极低的手段，当地居民自己就能采取这些措施，譬如及时母乳喂养、注意为婴儿保温、为切断脐带的工具提前消毒，等等。人们只需改变

1 约翰·霍普金斯医院位于美国马里兰州巴尔的摩市，成立于1889年。该医院在《美国新闻与世界报道》美国最佳医院的评比中曾连续二十二年雄踞全美第一，在最近的2018—2019年度排名中位列前三。

行为习惯，就能减少新生儿的死亡。就这样，在美国国际开发署（USAID）、救助儿童会和我们基金会的资助下，“萨克瑟姆”通过向医护工作者传授安全的助产知识，在18个月内将新生儿死亡率降低了一半。

到2010年，我来到希沃格尔村时，全球每年仍有300万名新生儿死去，其中10%发生在北方邦，因此，这里又被称为全球母婴死亡的“震中”。要想降低新生儿死亡率，我们就必须着重在北方邦开展工作。

在北方邦的第一天，我见到了上百位村民，向他们宣传了新生儿护理知识。母亲们坐在前排，男士们坐在后排，虽然听众人数众多，我依然觉得很亲切。人们在一棵大树的阴凉下铺了毯子，我们席地而坐，紧凑地围成一圈，尽量让所有人都不受日光的炙烤。活动结束后，有一家人前来向我们致意，还带着一个六岁左右的小男孩。很快，当时在我们基金会负责母婴健康的加里·达姆施塔特（Gary Darmstadt）悄声对我说：“就是他！他就是那个婴儿！”我回头瞧瞧那个六岁的孩子，问：“哪个婴儿？他不是什么婴儿啊。”“他就是鲁奇救活的那个孩子。”他说。“噢，天哪！”我说，“他就是你跟我讲过的那个孩子吗？！”

这个六岁孩子的故事已经成为传奇。他出生在“萨克瑟姆”项目实施的第一个月，当时，本地的医护人员刚刚完成培训，村民们对项目充满质疑，所有人都密切关注着项目的实施效果。这个婴儿，也就是我刚才见到的那个健康的六岁小男孩降生在一个深夜。那位初次怀孕的母亲由于体力不支，在分娩中晕了过去。

天一亮，一位不久前刚完成培训的社区保健员接到通知，立刻赶来接生。她叫鲁奇（Ruchi），二十岁上下，来自印度一个高种姓家庭。她到达时，发现产妇依然昏迷不醒，新生儿已经通体冰凉。鲁奇向亲属询问情况，却没有一个人回答。他们所有人都吓坏了。

鲁奇拨旺炉火，以提高室内温度，然后用毯子裹住婴儿。她给宝宝量了体温——她在培训中学到过，体温过低可能导致婴儿死亡，也可能是感染的症状。婴儿的身体凉凉的，体温仅在 94 华氏度[1]左右。鲁奇把常用的办法试了个遍，却都是徒劳。宝宝的身体虚弱无力，肤色渐渐泛青。鲁奇意识到如果不马上采取行动，孩子就会死去。

在培训中，鲁奇学到了救命的“肌肤接触法”：让新生婴儿紧贴母亲的身体，从母亲的体温中获取热量。这种做法既可以避免婴儿体温过低，又能促进母乳分泌，并防止感染。在救助新生儿的过程中，这是我们已知的最有力的干预手段。

鲁奇让孩子的姨妈与婴儿“肌肤接触”，却遭到拒绝。那女人生怕被孩子身上的恶灵附体。

于是鲁奇不得不做出选择：她真的能亲自上阵，与宝宝“肌肤接触”吗？做出这个决定并不容易；如此亲密地触碰一个低

1　约 34.4 摄氏度。

种姓婴儿，会招来族人的耻笑。况且在当地，这种做法简直闻所未闻。如果她没能救回这个孩子，这家人会把孩子的死怪到她头上。

看到宝宝的身体逐渐变冷，鲁奇当机立断，毅然解开纱丽，让宝宝紧贴她的身体，脑袋靠在她的胸前，再往自己和宝宝头上盖了块布，既能遮羞，也能保暖。鲁奇就这样抱了宝宝好几分钟。渐渐地，他恢复了血色。她拿出温度计给宝宝量了体温，发现体温已经有所回升。她又抱了他一会儿，再次测量他的体温，这次又比刚才高了一些。在场的女人全都伸长脖子紧盯着她，看着宝宝的体温慢慢回升。几分钟后，宝宝动了，随后很快恢复了活力，开始号啕大哭。孩子安全了，他是个健康的宝宝，没有感染，只是需要温暖和拥抱。

那位母亲醒来后，鲁奇向她讲述了事情经过，手把手地教她与孩子肌肤接触，引导她第一次哺乳。随后，鲁奇观察着紧紧依偎的母子俩，又待了一个多小时才离开。

很快，这件事就像闪电一样瞬间传遍全村。一夜之间，女人们的口风彻底变了，从“我不知道这样做有没有用”变成了“我也想这样照顾我的孩子”。这是整个项目的转折点。只有做到公开有效、树立口碑，一项新举措才能改变人们的行为，而鲁奇救活新生儿的故事赢得了良好的口碑。肌肤接触是如此简单，每个女人都能做到。因此，母亲们成了拯救生命的英雄。这能为女性带来无穷的力量与巨大改变。

理解既有的文化

这趟希沃格尔之行令我收获良多，其中给我印象最深的，莫过于这个项目并不以科技优势取胜。正因如此，它与我们此前所有的项目都截然不同。在基金会，我们总是强调那些能够拯救生命的技术突破，譬如疫苗，我们称之为“产品研发”，而且这仍是我们的主要贡献。但维什瓦杰特和阿尔蒂的母婴项目让我看到，单是推行早已在全球广为人知的简单办法就能带来许多改变。这让我深深认识到，只有真正理解人的需求，慈善工作者才能有效地服务于人、为人分忧。如何落地至关重要。

什么是“落地”？落地就是把必需的工具交到人们手中，并鼓励他们善加使用。落地非常重要，但往往也十分复杂，需要克服贫困、距离、愚昧、质疑、羞耻感、宗教信仰和性别偏见等重重障碍。落地意味着倾听人们的心声，理解他们的需求、行为与信仰，看清他们面临的阻碍。总而言之，它意味着关注人们真实的生活。如果你想把工具交到人们手中，赋予他们拯救生命的力量，落地就是你应该做的。

项目正式启动前，“萨克瑟姆”团队聘请了一支由当地优秀学生组成的志愿者队伍，让他们在当地社区工作了 6 个月，设法摸清人们传统的接生手法和与之相关的迷信。维什瓦杰特告诉我：“他们的脑袋并非一张白纸，等着你从零开始书写。他们脑中已经有许多传统观念，你必须弄清他们是怎么想的。”如果你无法理解当地人的信仰和他们行为背后的成因，你就无法用他们的语言表达自己的想法，打消他们的疑虑，他们就会对你的话置若罔闻。

过去，这里的产妇会找到一位婆罗门，也就是四大种姓中的僧侣阶层，询问他什么时候可以开始哺乳。那位婆罗门会说：“你三日之内没有乳汁。三日之后方可哺乳。”错误的指导是一种剥夺。母亲们会听从婆罗门的告诫，在婴儿出生头三天只给他们喝水，而且常常是不洁净的水。对此，维什瓦杰特和阿尔蒂的团队早有准备。他们以牛犊和母牛为例，利用村民们生活中常见的自然现象温和地质疑这种传统。“挤奶时，要是母牛不下奶，我们就会让牛犊来吃奶，这样奶很快就下来了。所以你为什么不能如法炮制呢？你可以把宝宝搂在怀里，促进乳汁分泌。”

有些村民依然坚称：“不行，这不管用。”于是本地志愿者就找到几位敢为人先、一呼百应的村民，想首先说服他们。志愿者知道，如果能为年轻的母亲们创造一种开明的文化、包容的氛围，她们就更愿意尝试新的办法。后来几位产妇做了尝试，结果发现自己立刻就能哺乳。她们惊喜地说：“天哪，没想到我们真的立刻就能哺乳！”就这样，消息不胫而走，居民们开始尝试其他各种保健方法。

在根深蒂固的传统中寻求变革，需要格外谨慎，必须拿出十二万分的用心与尊重。项目一定要做到公开透明，执行者必须去理解人们的悲伤，失败必须及时承认，项目应该交由本地人主导，一致的目标必须强调，沟通的内容也必须契合当地人的生活经验，推广方式必须简单有效、立竿见影，新做法的科学性也必须得到强调。如果单凭爱就能拯救生命，世界上就不会有那么多失去孩子的母亲——有时，我们还需要科学的帮助。而且落地的途径与技术本身同样重要。

村村都有助产士

从希沃格尔回到基金会，我与基金会员工探讨了项目落地和文化意识，阐述了它们对拯救生命的重要作用。我告诉大家，我们依然会继续利用科学技术开发创新产品，与此同时，我们也必须以同样的热情保障产品落地。二者缺一不可。

我想用自己生活中的例子来说明这一点。这是一个我从未与人分享的故事，故事的主角，是我母亲的姐姐米拉。

我跟米拉姨妈非常亲近。小时候，我常管她叫“我的另一个妈妈”。那时，她每次来我家都会跟我和姐姐苏珊一起玩涂色或下棋。我们还经常一起出去逛街。米拉姨妈精力充沛，整天乐呵呵的，时常让我忘记她其实半身不遂。

20 世纪 40 年代，我妈妈和米拉还是小女孩，一天她们在叔公家玩耍，临走时，叔公告诉我外祖母：“米拉今天很懒，非让我背她回家。”

那天夜里，米拉疼得大叫。我外祖父母把她送进了医院，医生会诊后确信她得了小儿麻痹症。他们在她腿上缠上纱布，烧好开水给她热敷，以为加热能治疗这种疾病，但根本无济于事。过了三四天，她的腿瘫痪了。她在医院里躺了16个月，外祖父母只能每周日去看望她一次。与此同时，附近的孩子们都不再跟我妈妈玩耍，怕感染小儿麻痹病毒。

20世纪40年代，缺乏防疫技术是战胜小儿麻痹症最大的障碍，人类尚未找到有效的疫苗。落地并不重要，因为产品并不存在。贫富差距也不是障碍，因为防疫技术尚未出现。那时，人人都面临罹患小儿麻痹症的风险。

1953年，乔纳斯·索尔克（Jonas Salk）发明了小儿麻痹疫苗。自那之后，防治小儿麻痹症的重点转向了疫苗普及，这一次，贫困构成了障碍。在富裕国家，人们很快接种了疫苗。在20世纪70年代末，美国完全消除了小儿麻痹症，但这种疾病仍在世界大部分地区肆虐，其中就包括印度。因为地域广阔、人口众多，印度抗击小儿麻痹症尤其艰难。不过在2011年，印度打破了众多专家悲观的预期，彻底消灭了小儿麻痹症。这是世界卫生保健领域最突出的成就之一。为了实现这一目标，印度派200万名疫苗接种员走遍全国，为每个孩子接种疫苗。

2011年3月，比尔和我来到印度比哈尔邦（Bihar）的一个小村庄。在那里，我们见到了一位年轻的母亲和她家人。他们是流动务工者，在一座砖窑工作，家中一贫如洗。我们问她是否给孩子打过小儿麻痹疫苗，她听了走进棚屋，从里面拿出一张疫苗接种证，上面写着她几个孩子的名字和接种日期。接种员不止来过一次，而是找过她很多次。见此情景，我们心中充满敬畏。这就是印度消除小儿麻痹症的秘诀，他们凭借的，正是这种大规模的落地行动，它英勇、原始，也很有创意。

基金会工作的一大亮点，就是我经常能与那些在他人性命攸关时雪中送炭的人见面。几年前，在前往印度尼西亚途中，我认识了一位名叫阿蒂·普加苏蒂（Ati Pujiastuti）的年轻女性。阿蒂参与了一个名为“村村都有助产士”（Midwife in Every Village）的政府项目，是六万名受训助产士之一。结业时她刚满十九岁，被分配到一个偏远的山村工作。

初来乍到那会儿，阿蒂并不受村民欢迎。人们对外人本就充满敌意与怀疑，何况这些助产士还是一些年轻女人，一心想改变传统的接生方法。阿蒂这个年轻女人偏偏具有村中长者的智慧。她挨家挨户向村民介绍自己，参加村里所有的活动，还买来本地报纸给不识字的人朗读。村里通了电，她就凑钱买了一台很小的电视，请所有人来看。

但大家依然信不过她，直到有一天，一名孕妇从雅加达来省亲，碰巧赶上分娩，只好请阿蒂为她接生。整个过程十分顺利，阿蒂渐渐赢得了村民的信任，很快，家家户户都希望自家宝宝出生时能请她接生。她每次都会及时出现，为此甚至甘冒生命危险。一次她过河时一脚踏空，只能死死抱住一块大石头等待救援。还有一次她滑倒在泥泞的山间小道上，身旁就是万丈悬崖。她还在崎岖不平的土路上骑摩托车，中途无数次摔下车来。但她坚持了下来，接生了数不清的孩子。她很清楚，她是在拯救生命。

我们的项目不仅需要这些深入基层、实实在在提供服务的女性，也需要那些身居高位、雄韬伟略、掌握权力的女性。卢旺达卫生部前部长艾格尼丝·比纳格瓦胡（Dr. Agnes Binagwaho）医生就是其中之一。

2014 年，艾格尼丝和我为《柳叶刀》合写了一篇文章，呼吁全社会关注新生儿死亡问题，同时指出，其中许多孩子的生命都能得到挽救，只要我们改变这样一个严峻的事实：在低收入国家，大多数女性都在家中分娩，缺乏专业的助产服务。

艾格尼丝毕生的理想之一，就是每位母亲分娩时，身边都有专业助产士陪护。

二十五年前，谁也不会想到她会为此奋斗一生。1994 年，还在法国当儿科医生的艾格尼丝得知祖国发生了令人发指的大屠杀。在人口中占多数的胡图族人开始残杀少数的图西族人。她在异国他乡关注着这起骇人听闻的事件，看到一百天内就有近百万人死于非命。她丈夫家中有一半人罹难。

艾格尼丝的父亲多年前就赴法攻读医学，举家迁往法国，艾格尼丝三岁时就离开了卢旺达。但大屠杀平息后，她和丈夫决定重返祖国，为重建祖国贡献力量。

卢旺达的情形令人震惊，这对长期在欧洲行医的艾格尼丝而言尤其如此。早在大屠杀发生前，卢旺达就是全球分娩条件最恶劣的国家之一，这场部族冲突进一步加剧了这种状况。全国的卫生保健工作者不是出国离乡，就是惨遭杀害，发达国家也没有提供相关的支持。回国一周后，艾格尼丝几欲离开，但想到有那么多人无法逃离，她心碎不已，所以还是留了下来。在接下来的二十年中，她彻底重建了卢旺达的卫生保健体系，成了该国有史以来任职时间最长的卫生部部长。

在艾格尼丝倡导下，卫生部启动了一个项目，要求全卢旺达所有的村庄（每村居民 300 至 450 人）都必须选出三名社区卫生保健员——其中一人必须专门为产妇服务。

这项措施和其他一些改革取得了巨大的成功。大屠杀后，卢旺达的分娩安全水平大幅提高，全球进步最快。新生儿死亡率降低了 64%，产妇死亡率降低了 77%。卢旺达曾被视为失败典型，然而一代人过后，它的卫生系统成了人们竞相效仿的典范。如今，艾格尼丝正与保罗 · 法默医生（Dr. Paul Farmer）密切合作，后者也是我的偶像之一，从海地到世界各国，法默医生曾让无数穷人享受到医疗服务。他参与建立的非营利组织"健康伙伴"（Partners in Health）在卢旺达开办了国际健康权益大学（University of Global Health Equity），那是一所主攻健康科学的大学。艾格尼丝担任了这所大学的副校长，带领研究人员进行全新的研究，希望找到健康服务落地的秘诀。

艾格尼丝在卢旺达的工作、阿蒂在印度尼西亚的工作和维什瓦杰特与阿尔蒂在印度的工作都令我受益匪浅，而这些项目给我最大的启发就是，不遗余力地加强服务的落地实施有助于缓解贫困。这也从侧面印证了汉斯·罗斯林讲述的那个关于极端贫困的故事：理解穷人的日常生活困境，不但会让你心中燃起伸出援手的冲动，而且往往能让你看到该怎么做。

如果有人得不到大部分人都能享受的医疗保健服务，那么问题一定出在落地环节，也就是说，没人会给他们带去药物、照护和专业的协助。而这，就是贫困的含义。贫困意味着身处社会边缘，无法得到人类彼此照顾的温暖。所以，我们必须设法把这些照顾带到他们身边。这就是与贫困斗争的含义。或许这些做法并不涉及什么炫目的技术，但从人性角度来讲，它们能给人带来深切的满足——这些创新背后的信念，是科学应该为所有人服务，没有人应该被排除在外。

这是我特别珍视的一个感悟：隔阂带来贫困，所以我们必须消除隔阂，为人们提供解决问题的工具。不过这还不够。考察的项目越多，我越明白我们必须把落地与实施纳入整体策略。落地过程中的困难，揭示了贫困的起源，能向你揭示人们贫困的原因。至于未来可能遇见的障碍，我们不必凭空猜测，一旦着手让项目落地，我们自然会与它们撞个满怀。

产妇会因为贫穷而得不到必要的帮助，无法守护自己的孩子，但贫穷并不是唯一的原因。真正的原因比这更为具体，确切地说，这是因为她身边没有一位知识与时俱进、工具专业齐备的资深助产士。为什么没有？可能的原因很多。或许因为信息匮乏，或许因为贫穷，或许因为她居住的城镇地处偏远，或许因为她遭到了丈夫的反对和婆婆的怀疑，或许因为她根本不知道这是自己应有的权利，或许因为传统文化不赞成这种做法。无论如何，当一位母亲无法获取必要的帮助时，我们只要知道原因，就能找到相应的对策。

如果造成这些障碍的是距离、金钱、知识或羞耻感，我们就采取更贴近、更实惠、更人性化的手段。抗击贫困，要求我们审视自己面前的障碍，摸清它们的根源究竟是文化、社会、经济、地缘，还是政治。唯有这样，我们才能绕开或打破它们，让穷人也享有与他人同等的权利。

我们开始花更多时间去理解人们的生活境况，很快，我们发现，无数阻碍穷人进步的障碍——和无数造成他们孤立无援的原因——都源自对女性的压制与剥夺。

在深陷贫困中的国家，女性往往被推向边缘，成为社会的局外人。这并非偶然。任何一个社会一旦对某一群体，尤其是女性，加以排斥，就会酝酿深刻的危机，而化解危机的唯一途径，就是重新向他者敞开大门。重新接纳那些遭到排挤的人，将他们带离社会边缘。这就是解决贫困问题的关键，也适用于几乎所有社会问题。

我上小学时，教室后排坐了两个女生，两个人都绝顶聪明，只是有些不善交际。教室前排还坐着另外两名女生，她们活泼自信，颇受同学们欢迎。受欢迎的女生会欺负那两个沉默寡言的女生，并且不是偶尔，而是经常。

霸凌者非常小心，总趁老师看不见也听不见时动手——这样就没人会来阻止。渐渐地，被欺负的女生变得越发沉默，她们不敢抬头，也不敢迎接别人的目光，因为那只会带来更多的欺侮。她们痛苦不堪，即使在霸凌结束后，这种痛苦也没有消失。几十年过去了，在一次同学会上，受欢迎的女生之一道了歉，其中一个被霸凌的女生听了说："你是该有所表示了。"

我们都见过类似的事，并在其中扮演过自己的角色，不是霸凌者就是受害者，要么就是袖手旁观的人。我属于最后一类，把一切都看在眼里。我没有出手制止，是因为害怕成为被霸凌的对象。回想过去，我真希望自己当时知道该怎么挺身而出，帮那两个女孩找到勇气。

我以为长大后，那样的欺凌就会越来越少。但我错了。成年人也会排挤他人。实际上，人越长大，就越深谙此道。成年人同样也分为三类：排斥他人的人、遭到孤立的人和隔岸观火的人。我们大多数人属于其中之一。

任何人都可能遭到排斥，一切都由那些权力在握的强者定夺。在很多时候，这种排斥的依据是种族。由于每种文化都有自己的恐惧和偏见，犹太人、穆斯林、基督徒都可能成为被排斥的对象，此外，穷人是永远的局外人，身患疾病者往往遭到排斥，性少数群体也可能遭到孤立。外来移民几乎从未进入主流社会。而几乎在每个社会，女性时常会产生局外人的感觉，即使是在自己家中。

排斥异己是人类的本能，克服这种本能，是对我们最大的考验，也是消除极端不平等的关键。人类惯于羞辱和排斥那些让自己不适的人。正因如此，世界上才有那么多年老体弱、贫病交加的人被推向社会边缘。我们不愿看到自己变成什么样，就排斥什么样的人——我们还会无端地将自身不愿承认的特质加在某个群体头上，借排斥他们证明自己并非如此。这就是主流社会排斥某个种族、某些宗教的原因。

而且我们常常不愿面对真相。看到那些被排斥在外的人，我们常常会想：我不会遭到这样的对待，因为我与他们不同。但这不过是一种傲慢。我们很容易沦为被排斥的对象。他们具备的，我们也都有。只是我们往往不愿承认自己与被排斥者有什么共同之处，因为那会让我们颜面扫地。承认这一点，就等于承认输赢并不绝对公平。如果你知道自己只是起点比别人高，那你就必须低下骄傲的头。放弃优越感，告诉自己“我并不比他们优秀”会让人非常痛苦。所以，为了保持优越感，我们为排斥他人的行为开脱，宣称自己是在捍卫美德、守护传统，实际上，我们只想捍卫自己的优势与自负。

在汉斯的故事里，那位来自偏远丛林地带的母亲因为深处社会边缘而失去生命。那也正是她失去孩子的原因。她的家人仅仅因为医生送还遗体就感激涕零，也是因为他们长期遭受排斥，不习惯被人尊重。正因如此，他们中才有那么多人死去。

挽救生命的第一步，是接纳每一个人。健康的社会没有局外人。这应当成为我们追求的目标。我们必须继续减少贫困，消除疾病，帮助人们抵御那些试图排斥他们的力量。与此同时，我们更应该从我做起，检讨自己排斥他人的行为，张开双臂、敞开心灵，拥抱那些被推向社会边缘的人。我们应该帮助被孤立的人赢回属于他们的权利，但这还远远不够——只有不再将任何人排除在外，我们才能赢得真正的胜利。

03 第三章

最好的一切

自主计划生育

如果女性能自主掌握生育的时机与间隔，产妇、新生儿及儿童的死亡率就会下降，母婴就会更加健康，父母就能在每个孩子身上投入更多的时间和精力，家庭成员也能为孩子的营养与教育投入更多资源。

让女性对性行为感到羞耻是一种有效的手段，为的是压制女性的声音，剥夺她们决定生育与否、何时生育的权利。羞耻感是女性健康面临的最大障碍，有时，消除羞耻感最好的方法，就是公开与它对抗。

走访维什瓦杰特和阿尔蒂的项目几天后，我又访问了另一个母婴健康项目。维什瓦杰特和阿尔蒂的项目旨在培训当地医护人员，服务在家分娩的女性。而这个名叫确保开端（Sure Start）的项目，鼓励更多女性去具备专业助产士和医疗设备的诊所分娩。

在项目总部，我受邀旁听了一场健康准则抢答赛，二十五名孕妇竞相回答与母乳喂养和新生儿即时护理相关的问题。随后，我见到了一组女性，大多是孕妇及其亲属，譬如婆婆和妯娌。我问孕妇们参加项目是否遇到过家人的阻挠，又问在场的婆婆现在的环境与她们怀孕的时候相比有了哪些变化。一位上了年纪的妇人告诉我，她在家中诞下了八个孩子，其中六个不到一周就死了。她的媳妇是初次怀孕，她希望媳妇能得到最好的照顾。

下午，我有幸来到一位母亲家中。她叫米娜（Meena），两周前刚产下一名男婴。米娜的丈夫在附近打零工，她前几次都是在家里生的孩子，只有这次不是。多亏确保开端计划的帮助，新生儿诞生在一家诊所。与我交谈时，米娜怀里就抱着这个婴儿。

我问米娜这个项目对她有没有帮助，她激动地给出肯定的回答。她认为在诊所分娩更有安全保障，对她和宝宝都是如此，她当天就开始哺乳了，很高兴能立即跟宝宝亲近。米娜充满活力，积极乐观。显然，她对这个项目感觉不错，受她的情绪感染，我也对这个项目印象很好。

接着，我提了一个问题："你还打算再生孩子吗？"

她听了呆望着我，就像被我劈头盖脸骂了一顿，气氛陷入尴尬的沉默。我担心是自己冒犯了她或翻译表述出了问题，因为米娜没有回答，只是呆呆地盯着地板。随后，她抬起头，直视着我的眼睛说："老实说，我不想再生孩子了。我们穷得叮当响。我丈夫工作很卖力，但我们实在太穷了。就连这个孩子，我都不知道该怎么养活。我没法送他上学。其实我根本不指望他将来能有出息。"

我听得瞠目结舌。在我面前，人们倾向于报喜不报忧，有时为了一窥事情的全貌，我不得不直截了当地问一些问题。而这个女人竟如此勇敢，能毫无保留地与我分享她的痛苦，根本不必等我追问。而且她还没有说完。

"我对这孩子将来唯一的希望，"她说，"就是你把他领回家去。"然后她把手放在膝下一个两岁的小男孩头上，说，"把他也带上吧。"

我顿时头晕目眩。一分钟前我们还在分享顺利分娩的喜悦，转眼间，对话就转向一位苦难的母亲沉重的自白——这苦难是如此深重，以至于把孩子留在身边的痛苦，竟超过了骨肉分离。

每当另一个女人愿意与我分享内心的伤痛，我都会感到莫大的荣幸。我会专注地倾听，对她们表示同情，试着给她们一些希望。但这一次，面对米娜，我感觉任何鼓舞都显得虚假无礼。她已经如实回答了我的问题，假装积极乐观就是无视她的痛苦。她诉说的痛苦远远超出了我的想象——她认为只有换一位母亲，孩子们才能过得幸福。

我尽量和蔼地告诉她，我也有三个孩子，况且她的孩子们都很爱她，也很需要她。随后我问："你知道什么是自主计划生育吗？"她回答："现在我知道了。但你们这些人怎么没早点告诉我呢，现在对我来说，已经晚了。"

这位年轻的母亲感觉自己十分失败，我也一样。我们让她失望了。悔恨涌上心头，吞没了我，我甚至记不起自己那天如何告别了这位母亲。

在随后的旅途中，米娜的形象在我眼前挥之不去。我花了很长时间才接受这一切。让她有机会在医疗机构分娩固然很好，但这还不够。我们没有纵观全局。我们只是推出一个母婴健康项目，与孕妇们交流、了解她们在分娩和新生儿健康方面的需求。我们就是如此看待这项计划的。实际上，我们应该从米娜的角度看待这个问题。

与来自低收入国家的女性交流时，我常常发现，我与她们有着相似的期待，无论是对自己还是对孩子。我们都希望孩子能够安全、健康、快乐地成长，希望他们成绩优异、发展潜能，长大成人、组建家庭、学会自力更生——总之希望他们得到爱，也付出爱。同时，我们也希望自己身康体健，能发挥一技之长，回报我们所在的社群。要想实现这些愿望，任何地区的女性都离不开自主计划生育。多亏有这位勇敢的女性直言不讳，我才深刻认识到这一点，她的痛苦也成了我慈善工作的转折点。每当有人向我道出残酷的事实，我都确信，她是在替那些沉默的人发声，因为其他人没有这个胆量。这些勇敢的人总能引起我的注意，随后，我会意识到其实别人也一直在说同样的话，只是没那么直接。我没听懂他们的话，是因为我听得不够认真。

见过米娜后不久，我来到马拉维，参观了一个保健中心。这个中心设有一间疫苗注射室、一间儿童病房、一间艾滋病患者病房，还有一间自主计划生育室。女人们在自主计划生育室门外排着长队，我跟其中几位聊了聊，问她们从哪里来、有几个孩子、什么时候开始避孕、采用了什么方法。我连珠炮似的问题得到了女人们的热情回应，每个人都争相与我分享自己的生活。一个女人说她是来这里打避孕针的，但不知能不能打上，别的女人听了也使劲儿点头。她们说即使不知道保健诊所的针剂够不够，她们也愿意步行十六公里来到这里，而她们抵达时，针剂往往已经告罄。这时，工作人员就会给她们发放一些别的避孕工具作为替代，譬如她们可能会领到安全套。由于艾滋病盛行，诊所的安全套存货一般都比较充足。但对于这些有避孕需求的女性而言，安全套的作用微乎其微。她们反复告诉我："要是我让老公用安全套，他会打我的。他会以为我怀疑他出轨，感染了艾滋病病毒，要么就是以为我出轨了，感染了艾滋病病毒。"所以对很多女人而言，安全套其实没什么作用，但诊所自称避孕药具储备充足时，往往指的只是安全套。

大多数女人都有类似的抱怨，说她们远道而来，却打不上针。跟她们聊完，我走进自主计划生育室，发现诊所其实并没有她们想要的那种针剂。这为这些女人造成了极大的不便。她们可没法开车去下一家药店，况且这里根本就没有药店。而且她们还步行了那么远的距离，也没有别的办法避孕。我不敢想象，那天之后有多少女人因为保健诊所储备不足而怀孕。

对一些女性来说，意外怀孕可谓是一种毁灭性的打击。她们要么连现有的孩子都无力抚养，要么就是太年轻或年长，不适合生育。见过米娜后，我才知道，一些女性还不知道避孕药具的存在。而马拉维之行告诉我，另一些女性尽管了解避孕方法，也有避孕的意愿，却得不到相应的药品。

女性需要避孕，这对我而言不是什么新闻。自主计划生育既是我自己的生活经验，也是我们基金会支持的举措之一。但这几次访问之后，我认识到它就是一切问题的症结所在，也是女性最迫切的需求。

如果女性能自主掌握生育的时机与间隔，产妇、新生儿及儿童的死亡率就会下降，母婴就会更加健康，父母就能在每个孩子身上投入更多的时间和精力，家庭成员也能为孩子的营养与教育投入更多资源。没有任何一种干预措施比自主计划生育更加有效，也没有任何一种干预措施比自主计划生育更被忽视。

1994 年，国际人口与发展大会在开罗召开，在全球吸引了一万余人参会。这是有史以来规模最大的一次人口与发展大会，也较早地在女人与女孩权利问题上做出了历史性的表态。会议倡导女性赋权，并制定了女性健康、女性教育方面的目标，同时将享受生殖健康服务定义为一项基本人权，这其中就包括自主计划生育。与那时相比，今天自主计划生育获得的资金投入却大幅缩减了。

我在 2010 年至 2011 年尤其关注避孕问题，这也是重要原因之一。无论走到哪里，我总会遇到这个问题。2011 年 10 月，我们基金会在西雅图举办了一次峰会，主题是消除疟疾。与会的英国国际发展部大臣安德鲁 · 米切尔（Andrew Mitchell）找到我，问我们明年是否愿意再办一次探讨自主计划生育的峰会（于是就有了我在第一章提到的那次会议）。

举办国际自主计划生育峰会的想法令我既兴奋又惶恐，那将是一项浩大的工程。我明白在那样一个场合，我们必须把制定目标、提高数据、优化策略作为重点。同时我也明白，如果我们目标高远又志在成功，那我们就必须肩负起更艰巨的任务，那就是改变自主计划生育的舆论环境。由于自主计划生育有着痛苦扭曲的历史，人们很难恰当、理性而实际地探讨避孕问题。倡导自主计划生育的活动家必须为自己申辩，声明控制人口并不是他们的目的。峰会要讨论的也不是强制节育或堕胎，而是满足女性的避孕需求，把生育与否、何时生育的决定权交给她们。我们必须改变这场对话，让我在旅途中见到的那些女性参与其中。我们必须倾听她们的声音——那些曾被忽视的声音。

为此，我赶在峰会召开前去了一趟尼日尔。这是一个父权社会，贫困人口比例高居世界前列，避孕药具使用率极低。每位女性平均有超过七名子女，法律允许一夫多妻，而且继承法规定女儿继承的财产只有儿子的一半，膝下无子的寡妇无权继承任何财产。救助儿童会认为，尼日尔是“全球最不适宜母亲生存的国家”。因此，我们决定去那里见见这些母亲，倾听她们的心声。

我来到尼日尔首都西北部的一座小村庄，这里离首都大概有一个半小时车程。在村里，我见到一个名叫萨迪·赛义尼的女人，她是一位母亲，以种植秋葵为生（我在第一章也提到过她）。萨迪十九岁就嫁了人——这在尼日尔女性当中相对较晚，因为在这个国家，将近 76% 的女孩都在十八岁前结婚。生下第一个孩子后不到七个月，萨迪再度怀孕。而且她此前对自主计划生育一无所知，直到生下第三个孩子，她才在一家简陋的社区诊所从医生口中第一次得知了避孕方法。自那之后，她就开始拉开生育间隔。我见到萨迪时，她已三十六岁，生育了六个孩子。

我们在萨迪家中交谈。她面向我坐在床上，两个孩子坐在她身边，还有一个依偎在她腿上，一个站在她背后，另有两个大点的孩子坐在一旁。孩子们都穿得花花绿绿，每个人的衣服都带着不同的花纹，母亲和年长的女儿们都裹着头巾，萨迪自己的头巾是纯紫色的。阳光从窗口洒进房间，几乎毫无障碍地穿过他们挂的那层薄薄的窗帘。萨迪回答问题时热情洋溢，仿佛很高兴有人问起。

“不做自主计划生育，家里人人都不好受，”她说，“我孩子那么多，身上背着、肚里怀着，我丈夫得靠借债才能吃饭，可就这样，钱还是不够用。不做自主计划生育日子就过不下去，这是我的经验之谈。”

我问她是否准备再要孩子，她说：“在最小的孩子满四岁前，我不打算再生了。到了四岁，她就能跟小弟弟或小妹妹玩了，还能把他们背在身上。可现在，我要是再生个孩子，那对她差不多就是一种惩罚。”

我问她女人们是怎么学会避孕的，她说：“我们这里的女人有个优势，就是经常聚在一起聊天，在树下见面时聊天，打谷子的时候聊天，在孩子的庆生宴上也聊天。我就是在那儿告诉大家可以打针避孕的，我还告诉她们那比吃药容易多了。我鼓励她们去打针，这样她们和孩子们都能喘口气。”

让自己和孩子们喘口气，哪个女人不明白这个道理？

第二天，我来到首都尼亚美，参观了尼日尔国家生殖健康中心。参观结束后，五位来这里就诊的女性过来与我们攀谈。两名年轻女性首先分享了各自的生活，随后，四十二岁的阿迪萨（Adissa），一位健谈的母亲，开始和我们聊天。阿迪萨十四岁就嫁了人，生了十个孩子，其中四个夭折。第十个孩子出生后，她在自主计划生育中心放置了宫内节育器（IUD）[1]，从此再没怀孕。她的丈夫和姑子起了疑心，问她为什么这么久没生孩子。“我累了。”她这样回答。

我问阿迪萨为什么选择节育，她坐在那里思索片刻，说：“刚有两个孩子时，我还有口饭吃。现在我连饭都吃不上了。”她丈夫每天会给她一美元多一点的收入，她得靠这点钱养活全家。

我问阿迪萨对在座的年轻女性有什么建议，她说：“如果你没能力抚养孩子，那你就是在教唆他们去偷。”

不久，我们站起来准备离开。阿迪萨走向一盘没人碰过的食物，把大部分装进包里，抹去眼角的泪水，离开了房间。

我咀嚼着刚才的谈话，迫切希望阿迪萨的心声能被所有人听见。我希望让这些被排斥在外的女性主导一场对话——她们想要避孕，也需要避孕，而且避孕措施的缺乏，正让她们的家人备受煎熬。

---

1 即通常所说的“节育环”。是一种安全、有效、简便、经济的避孕工具。其主要原理是通过改变受精卵着床的微环境，使子宫内的微环境不利于受精卵着床发育。——编者注

旧的对话将女性排斥在外

改变这场对话比我想象中艰难，因为这是一场古老的对话，充满种种根深蒂固的偏见。在某种程度上，它是对玛格丽特·桑格（Margeret Sanger）[1]的回应，她在身后留下了丰富却饱受争议的遗产。

1916年，桑格开办了美国第一家提供避孕措施的诊所。十天后，她遭到逮捕。她交了保释金，回去继续工作，随即再次被捕。推广避孕措施是违法行为，开具、建议，甚至谈论避孕药具均属违法。

桑格生于1879年。她母亲一共生育了十八个孩子，养活了十一个，最终在五十岁那年死于肺结核及宫颈癌。痛失母亲的桑格立志成为一名护士。于是，她深入纽约的贫民区，为缺乏避孕手段的女性移民服务。

在一次演讲中，桑格讲了个故事。一次，她来到一名二十八岁女子的公寓，那女子因为实在不愿再次生育竟自行堕胎，差点撒手人寰。得知自己九死一生，女子问医生怎样才能避免再次怀孕。医生建议她让丈夫去屋顶上睡。

三个月后，女子再次怀孕，并再次尝试堕胎。这一次，桑格刚到不久，女子就去世了。桑格称，她因此辞去了护士的工作，

1　玛格丽特·桑格是美国节育运动的创始者和领导者，美国节育联盟（American Birth Control League）的创办人。

她发誓“一定要让美国所有的蓝领女性都掌握避孕的方法，否则绝不再接任何病人”。

桑格相信，只有女性有权拒绝意外怀孕，社会才会进步。同时，她还认为谈论自主计划生育应该受言论自由保护。她经常公开演讲，游说政客，写专栏，出手册，还办了一份关于节育的报纸——在当时，这些都是违法行为。

1916 年那次被捕让她一举成名，此后二十年间，上百万女性在绝望中给她写信，请求她帮助她们获取避孕药具。其中一个女人写道：“只要能让我的两个孩子过上好日子，我什么都愿意。我每天担惊受怕，总担心自己很快又会怀孕。我母亲生过十二个孩子。”

另一个女人告诉她：“我心脏不好，更想好好活着，亲眼看着四个孩子长大，而不是再生几个，死在产床上。”

一位来自美国南方的农村妇女写道：“我得背着两个孩子下地干活儿，眼睁睁地看着他们的小脸被火辣辣的太阳晒得起泡……我丈夫说要让女儿们犁地，我可不想再生更多的孩子，让他们也沦为奴隶。”

这些女性的来信均被收入《母亲的枷锁》（*Motherhood in Bondage*）一书。桑格在书中写道：“她们愿意向我——一个陌生人——敞开心扉，是因为她们本能地相信我可以帮助她们，而这种帮助，是她们从丈夫、教士、医生或邻居那里得不到的。”

读到这些信，我突然想起一首歌。工作中，它常常浮现在我脑海里——小时候在天主教学校，我们一周得做五次弥撒，我常在教堂里听到它。这首歌忧伤得令人心碎，旋律优美，余音绕梁，副歌是这样唱的："困苦人呼救，耶和华便垂听。"[1]修女们告诉我们，响应困苦人的呼救是信者的责任。

信中这些女人的呼声，与我在诊所或女人们家中见过的米娜、萨迪和阿迪萨的诉求别无二致。她们在时空上相距遥远，却同样无法发出自己的声音，也同样无人倾听。

在不同的文化中，反对避孕都同样暗含对女性的敌意。给玛格丽特·桑格定罪的法官声称，女性"无权在明知不会怀孕的情况下实施性行为"。

开玩笑吗？凭什么呢？

这名法官判桑格在感化院劳动三十天。他传达的正是当时盛行的一种观念，即对女性而言，不以生育为目的的性行为是不道德的。在安东尼·康斯托克（Anthony Comstock）的推动下，美国法律规定，女性为避免怀孕而采取节育措施属非法行为。

康斯托克生于康涅狄格州，在南北战争中效力于北方军队。1873年，他创立了纽约反堕落协会（New York Society for the Suppression of Vice），并推动立法，禁止通过邮件实施一系列与避孕有关的行为，包括传播与推广避孕措施、提供避孕药具等等，这项法律后来以康斯托克的名字命名。与此同时，康斯托克法还在邮局增

1　出自《圣经·诗篇》34 : 6。

设特勤员一职，此人有权携带手铐和枪支逮捕违反这项法律的人——这个职位专为康斯托克量身定制，令他十分受用。他租了个信箱，给怀疑对象寄虚假的求助信。得到回复后，他会找到发件人，实施逮捕。这造成一些落入圈套的女性自杀，因为她们宁死也不愿忍受公开受审的屈辱。

康斯托克是那个时代的产物，他的观点得到了当权者的支持。提交这项立法的国会议员在国会辩论中宣称："国之良民……必坚决维护其安身立命之宝贵价值——家庭之神圣与纯洁。"

法案轻松通过，各州议会也通过了各自的版本，通常更为严苛。在纽约，就连谈论避孕都是违法的，连医生也不例外。当然，女性并没有为这项法令投过票，也没有为通过这项法令的男性议员投过票。她们还要等上数十年才能获得投票权。禁止节育的法令，是男性强加给女性的。

康斯托克对自己的目的毫不讳言。他说这是他个人的征战，为的是讨伐"淫欲——一切罪恶的帮凶"。在一次白宫酒会上，他见到女人们化着妆，头发上扑着粉，而且"衣着暴露"，就说她们"全部令人作呕，让一切热爱女性之纯洁、高贵、谦卑的人无法忍受"。"我们凭什么尊重她们？"他写道，"她们玷污了我们这片土地。"

在康斯托克及其盟友眼中，女性在生活中只能扮演极少几个角色：嫁给一个男人，服侍他，为他生儿育女，照顾他的孩子。在这些职责之外，女性从事任何工作都是不名誉的行为——因为女性不是完整的人，不能为自己做主，没有资格接受教育、发展事业，当然更不能取悦自己。女性的愉悦，尤其是性方面的愉悦，令卫道士们闻之色变。如果女性能自由追求自己的快乐，男性世界那个人人心照不宣的核心信条，即“你只为取悦我而存在！”就会动摇。男性必须掌握自身快乐的源泉。于是康斯托克等人就不遗余力地将廉耻作为武器，用它阻碍女性的发展，只以男性与她们子女的福祉来评判她们的价值。

在美国，男性长期管控着女性的性行为，即使在 1936 年美国联邦第二巡回上诉法院判定医生可以依法建议病人节育、为病人开具避孕药具之后，管控仍在继续。尽管这次判决标志着某种进步，但限制节育的措施依然存在。到了 1965 年，最高法院对格里斯沃尔德诉康涅狄格州案宣判，以侵犯婚姻隐私权为由判定禁止避孕法案无效。然而他们只取消了针对已婚人士的限制！判决没有提及未婚人士的权益，因此在许多州，需要避孕的未婚女性依然求助无门。这并不是多么久远的过去。如今，在基金会的活动上，一些七十来岁的女性仍会找到我，说：“我不得不耍点花招，让医生以为我已婚，否则就拿不到避孕药具。”未婚女性一直不能合法避孕，直到 1972 年的艾森施塔特诉贝尔德案[1]之后。

---

1 在本案中，原告向一未婚者运送避孕用具被州政府处罚。联邦最高法院基于平等保护的合理性最低标准，推翻了禁止运送避孕用具的州法。该案判决指出，对隐私权的保护不能仅限于婚姻关系，“已婚夫妻并非自身具有思维和心脏的独立实体，而是两个具有独立思想与感情的个人。如果隐私权具有任何意义，它必然是个人权利，不论是结婚还是单身，对于决定是否生育孩子这一影响个人的根本问题，个人有自由不受缺乏理由的政府侵犯”。——编者注

这场对话之所以搁浅，根本原因在于社会认为女性的性生活令人难以启齿，而且直到今天，这场对话依然带有类似的特征。如果某位女性站出来，公开强调避孕在健康与保健计划中的重要价值，一些有厌女症的男性就会羞辱她说："我们可不想资助某个女人的性生活。"

让女性对性行为感到羞耻是一种有效的手段，为的是压制女性的声音，剥夺她们决定生育与否、何时生育的权利。除此之外，对其他问题的讨论也掩盖了女性的声音。今天，生育控制权牵扯了太多利益，致使专门针对避孕问题的讨论难以进行。

20 世纪 70 年代，为控制人口，中国和印度都出台了计划生育政策。中国推出了独生子女政策，印度则制定了绝育方面的政策。在 20 世纪 60 年代至 70 年代，基于对人口过剩的预期，美国在外交上支持各国实施计划生育政策，因为人口过剩可能造成食物短缺，从而引发大规模的饥荒和人口迁徙。

此前，在 20 世纪上半叶，倡导节育的美国活动家们同样强烈要求实现他们的诉求，其中不少人都希望帮助穷人避免计划外的生育。一些人的主张甚至带有优生学色彩，希望减少"不适者"的数量，让某些群体减少生育，或者干脆不生。

桑格也支持某些优生学观点。当然，优生学是一种令人作呕的道德观，也被证明是不科学的。然而时至今日，这个观点依然被用来扰乱针对避孕问题的讨论。反对的一方为了削弱现代避孕措施的可信度，不惜挖出节育与优生学的历史关联，辩称因为避孕药具曾被用于不道德的目的，所以它就不应用于任何目的，即使只是为了让一位母亲暂缓再次怀孕。

另一个问题也模糊了这场讨论的焦点，那就是堕胎。在美国和全世界，关于堕胎的讨论都带有极强的情绪和浓重的个人色彩，让人容易忽略避孕具有挽救生命的力量。

避孕能拯救母亲和新生儿的生命，并减少堕胎。据最新数据，仅在一年内，避孕药具的使用就让世界最贫困国家的高风险堕胎案例减少了 2600 万例。

然而，一些反对者非但不承认避孕能减少堕胎，还将二者混为一谈。女性对生育自由的简单要求令反对者极度不安，致使他们强行将它与别的问题混淆。将探讨避孕问题的讨论引向堕胎，会极大地伤害这场对话。关于堕胎的争论是如此激烈，持不同观点的双方常常拒绝与对方探讨女性健康问题。如果拒绝对话，那讨论也就无从谈起。

对自主计划生育的讨论也受到天主教会的影响，他们强烈反对节育。除各国政府外，教会是世界上提供教育及医疗服务最多的机构，因此，它在穷人的生活中无处不在，对他们影响巨大。这带来了诸多好处，却有一个问题：教会不提倡女性获取她们带领全家脱贫致富所需的避孕药具。

这些就是百余年来世界对避孕问题的一些讨论。在每场讨论中，女人、女孩和母亲们的声音与诉求都被淹没。因此，我们

2012 年召开的首届峰会才有了一个重要的目的，就是让那些曾被排斥在外的女性主导一场新的对话——她们都希望自行决定生育行为及生育时机，并摆脱政策制定者、战略规划者和宗教人士的影响。这些人总是从各自的立场出发，对女性的生育问题指手画脚，迫使她们违心地多生或少生孩子。

那天在伦敦，我做了开场演讲，并借机询问与会代表："我们有没有为这些女性提供帮助，让她们在需要时更容易获取避孕药具？"我谈起几年前造访内罗毕科罗戈卓区的经历，那是一个贫民聚居区，名字是"肩并肩"的意思。在那里，我跟一群女人谈到节育，其中一位名叫玛丽安的年轻母亲说："你知道我为什么得避孕吗？"接着她举起怀里的宝宝说，"因为在生下一个孩子之前，我想给他所有最好的东西。"每位母亲都有同样的愿望，但不是每个人都能享受自主计划生育带来的好处。我在峰会上提醒各位，这正是我们相聚在此的目的。

随后，为了彰显本次峰会让女性主导对话的主旨，我让出讲台，请一位女性上台帮我完成发言。

她就是珍 · 奥泰（Jane Otai），我与玛丽安交谈时的翻译。珍在科罗戈卓长大，家中有七个孩子，离家后，她进入大学深造，拿到学位后返回家乡，帮助那些与她当年处境相同的女孩。

珍讲述了自己在贫困中成长的经历。她说："妈妈告诉我：'你一定能实现自己的理想，只要你努力学习——然后耐心等待。千万别像我一样，年纪轻轻就生儿育女。'"最后，珍总结道，"我很早就对自主计划生育有了概念，所以才能推迟首次怀孕，并自主决定每次生育的间隔。正因如此，我才能站在这里。如果没有自主计划生育，我只会是科罗戈卓一个普通的孩子。”

峰会过后——陈词滥调的回潮

峰会大获成功，我们筹措到的捐款数额之大，与全球各大组织及政府达成的合作项目之多，堪称前所未有。但我很快意识到，改变这场讨论依然任重道远。

峰会刚刚结束，我就被梵蒂冈官方媒体《罗马观察报》（*L' Osservatore Romano*）点名批评。该报认为我“误入歧途”，“被错误的信息所蒙蔽”。它承认基金会有权选择自己资助的领域，但认为我们不应该“持续地误导他人、歪曲事实”。文章认为，我涉嫌藐视和歪曲自然自主计划生育[1]的价值，暗示我受到大公司操纵，因为他们靠出售避孕药具牟利。文章宣称，我们在峰会上为扩大避孕药具覆盖面而发起的行动“毫无根据，是认识不足的结果”。同时，我也注意到这篇文章通篇不是在批驳我和大企业，就是在传播教义，唯独丝毫没提女性的需求。

随后，《福布斯》（*Forbes*）杂志认为这足以证明我“经得起

1 自然自主计划生育是一种传统的避孕手段，指女性通过观察身体每月的周期性变化，根据自己受孕的可能性实施避孕。

打击”。这种抨击完全在我意料之中，同时我也料到网上有人会把我称为“前天主教徒梅琳达·盖茨”或“所谓的天主教徒梅琳达·盖茨”——尽管如此，我还是被刺痛了。看到这篇文章，我的第一反应是：“我简直不敢相信他们竟会说出这种话！”（这想必是刚开始公开露面的人常有的反应！）几天后，我冷静下来，理解了教会这套说法背后的成因。我并不赞同，但我能够理解。

峰会召开后，我曾与高级别的教会成员会晤，谈论的却不是教义或彼此的分歧。相反，我们谈论的是如何共同救助穷人。他们十分清楚，对于教会反对避孕的立场，我尽管并不赞同却能够理解，同时，他们也知道我们有着共同的出发点。我们都反对强行限制妇女生育子女的数量，也都反对富裕国家将自身文化中的少子化偏好强加于相对传统的社会。如果一个女人因自身的信仰或观念而不愿节育，我绝对尊重她的选择。我不想居高临下地告诉女人们该生几个孩子，也无意诋毁子女众多的大家庭。基金会在自主计划生育方面的工作会把选择权交给女性。正因如此，我才始终对自主计划生育满怀信心，并支持多种多样的自主计划生育模式。也就是说，如果一些女性愿意采用自然自主计划生育手段，我也完全支持。

显然，我必须阐明我与教会之间的分歧。避孕拯救了数百万妇女儿童的生命，这一点已为医学所证实。也正因如此，我才会相信所有女性都有权利学习如何健康地规划生育时间与生育间隔，并且在需要时获得避孕工具，无论她们来自何处、信仰什么。

对我而言，相信自主计划生育的重要性和站出来倡导这项有违自己教会教义的事业完全是两个概念。这是我不愿看到的。犹豫中，我跟父母谈过，也请教了我自幼就熟知的几位教士和修女，听取了几位天主教学者的意见，还跟比尔和孩子们聊了聊。我想问的是："人能在信奉宗教的同时，倡导一项违背教义的事业吗？"我得到的答案是视情况而定，这取决于我们的良知，而这良知恰恰源于信仰。

具体到自己，我的良知正是来自天主教会的教诲，我走上这条道路，也离不开教会的指引。在我心中，践行信仰意味着去帮助身处社会边缘的人，重新接纳那些被排斥在外的人。正是为了践行信仰，我才会深入一线实地考察，才会被女人们问到避孕问题。

所以，我不否认天主教的教义的确禁止避孕，另外，教义也告诉我们要爱自己的邻人。当一位母亲向我索取避孕药具，只因为盼望孩子茁壮成长，这两种教义就会令人左右为难，而良知告诉我，我应该支持她的请求和她抚养子女的心愿。我认为这属于爱我的邻人，并不违背基督的教诲。

过去十年间，我曾试着去理解教会中反对避孕的顽固派，也希望他们理解我的想法。我相信，如果一位生过六个孩子，再也无法承受孕育和抚养之苦的三十六岁母亲出现在他们面前，提出避孕的请求，他们也会默默设法为她破例。这就是倾听的力量，它能打开心灵，释放你心中的爱——而爱永远排在教义之前。

因此，我认为自己不是在跟教会作对，而是遵从了更高的教义。我得到了教士、修女和信徒们不遗余力的支持，他们认为我为发展中国家的女性发声，帮助她们获取足以拯救她们孩子生命的避孕药具，这些做法在道德上是站得住脚的。我欣然接受了他们的指引，并欣慰地发现，其实女性天主教徒中有相当一部分人也会使用避孕药具，并相信这合乎道德。同时我也知道，一切道德问题归根结底都取决于当事人自己。良知并不总是站在多数人那边。无论别人怎么想，只有我才能为我的行为负责。这就是我的答案。

全新的对话——在内罗毕展开

我此前提到过，筹备峰会时，我们决定把重点放在制定目标、研究策略上，所以会议结束时，我们决定在全球 69 个最贫困的国家推广避孕药具，计划在 2020 年之前覆盖 1.2 亿女性，到 2030 年实现全球普及。这就是我们当时制定的目标。四年后，时间过半，我们掌握的数据显示，使用避孕药具的女性新增了 3000 万人，这意味着现代避孕手段已经覆盖了全球 3 亿女性。这个数据听上去不错，却比我们的目标少了 1900 万人。

项目进行到 2016 年，我们总结出两条重要经验。第一，我们必须优化统计数据，它至关重要，能预测女性的需求，显示哪些做法行之有效，帮助制药公司研制副作用更少、使用更方便、价格更实惠的产品。

第二，我们再次看到，女性的决定离不开环境的影响，她必须考虑丈夫和婆婆的想法——而这种传统很难改变。因此，在收集更多数据的同时，我们必须了解合作伙伴如何在那些阻力较大的社区开展工作，如何触及向未婚青年提供避孕措施这个敏感问题。

一部分做法在这些地区大获成功，为了学习成功经验，我 2016 年夏天来到东非。肯尼亚超额完成了目标，我想知道原因。

内罗毕是我此行的第一站，在那里，我见到了一位负责数据收集的女士。我们把他们称为社区人口统计员（resident enumerators），简称 RE。他们会在社区中挨家挨户地访问妇女，然后用手机记录数据。他们受过训练，懂得如何提出十分私人的问题，譬如："你上次过性生活是什么时候？是否避孕？使用了哪种措施？你生育过几次？"多数情况下，他们访问的女性都乐于回答。她们喜欢被人询问，这能带给她们某种力量，让她们感觉有人关心自己的生活。

社区人口统计员能了解到受访者生活中的方方面面，许多内容都很难用数据反映。一位 RE 向我透露，一次她来到一户人家，那里住着一个女人和她的丈夫，还有十二个孩子。女人的丈夫反对自主计划生育，当场赶走了 RE，根本没让她进门。事后，女人在街上偶遇这位 RE——RE 们都住在各自工作的社区——就请 RE

趁丈夫不在时去家里跟她的九个女儿聊聊。可惜的是，我们无法用数据反映那个专横的丈夫赶走 RE 这件事。

跟随 RE 克莉丝汀（Christine）家访时，我也看到了数据的这种局限性。克莉丝汀访问到一半把手机递给我，让我提余下的问题。我问那位母亲有几个孩子，她说有两个女儿。我问她生育过几次，她说三次，说完突然哭了起来，讲起她刚出生就死去的儿子，又讲述了她遭受家暴的痛苦经历。她丈夫会对她拳打脚踢，还跑到她开的理发店，砸坏了所有的椅子和用具。她带着女儿搬回娘家，后来跟另一个男人生了第二个女儿，但她从来没有稳定的经济来源，所以负担不起女儿的学费和医疗费，有时甚至喂不饱她们。

听完这个令人心碎的故事，我很想用数据把它记录在手机上，却无奈地发现我们为反映她的生活状况制定的指标十分有限，不足以记录这个故事。那段充满暴力的婚姻对她的收入有什么影响？她的收入又如何影响她使用避孕药具的情况和她女儿的健康？我即使提出这些问题，也不知道该怎么记录她的回答。

如何才能更全面地反映她的生活？要满足一种需求，你必须首先知道它的存在。我向那些跟我一起家访的 RE 提出了这个问题，她们都点头赞同，因为她们每个人心中都有更多想问的问题——关于清洁饮水、儿童健康、教育资源、家庭暴力。克莉丝汀告诉我："询问家庭暴力问题，就相当于向女人们发出信号，告诉她们这种行为是不可接受的。"她的话完全正确，优化数据也是我们的一项长期任务，我们必须改进数据收集系统，容纳更多问题，收集更多信息，记录故事的详情。当然，没有任何数据系统能反映所有细节，我们永远不能放弃倾听，但我们必须掌握更翔实的数据，从而更好地理解我们服务的女性日常的生活状况。

计划起来!

此外，我还十分期待去肯尼亚考察一个名为图旁格（Tupange）的项目，这个名字来自一句斯瓦希里土语，意为“计划起来”。他们的工作卓有成效，在肯尼亚三座最大城市显著提高了避孕药具的使用率。我能看出他们成功的原因。在肯尼亚，主办方带我参加了一场社区推广活动。图旁格把会场布置得像个游乐园，在门外，工作人员载歌载舞地招引路人。在场内，志愿者穿着巨大的围裙来回走动，身上装饰着根据避孕药具设计的花纹——最有效的工具在上，效果不明显的在下。会场内还设有展台，提供与艾滋病病毒、人乳头瘤病毒、自主计划生育、均衡营养相关的各种咨询。这种推广方式能有效地让人们贴近自主计划生育，消除他们的羞耻感。活动现场的氛围与交流内容开放得惊人——鉴于推广的主题在很大程度上仍属禁忌，这样的成绩实在令人称奇。图旁格实施了许多举措，每项举措都或多或少地挑战了羞耻感文化和社会陈规。这就是他们成功的秘诀。

萝丝·弥萨蒂（Rose Misati）是我最早见到的图旁格领导者之一，她说自己小时候每次得知妈妈怀孕，心中总是充满恐惧。妈妈每多生一个孩子，萝丝就得多照顾一个弟弟或者妹妹，多干一份家务，少一些时间学习。渐渐地，她开始因为干不完的家务活儿而缺课，学习也跟不上了。萝丝十岁那年，就在她妈妈刚生下第八个孩子之后不久，一位保健社工找上门来。在那之后，萝丝记得妈妈每天都吩咐她帮忙端一杯水、拿一片药。从此，萝丝就再也没有新生的弟弟妹妹要照顾了。

有时，母亲给子女最好的礼物，就是不再多生孩子。

萝丝回到学校，赶上进度，在考试中取得了优异的成绩，考上了内罗毕大学。如今她是一名药剂师，她说，这都要归功于母亲当年实施了自主计划生育。因此图旁格项目请她帮忙时，她毫不犹豫地答应了，成为保健社工上门服务的主要倡导者。“我知道这么做管用，”她说，“他们就是这样找到我妈妈的。”

萝丝以一种特殊的方式谈论节育问题，以此克服羞耻感。与大家见面时，她会报上自己的姓名、职位，以及自己采取的避孕措施。随后她让大家也这样做。第一次见到这种做法，大家震惊不已。而现在所有人都欣然配合，不再像过去那么忸怩。我意识到羞耻感之所以存在，必然是为压制某个群体，让人在羞耻中遮遮掩掩。抵御羞耻感最好的方式，就是直言不讳，勇敢地说出别人视为禁忌的话语。这样做能让我们摆脱自我约束，那正是羞耻感赖以生存的土壤。

此外，萝丝还会与男性接触，跟他们谈论“女人那些事”，从而消除另一种羞耻感。“要是你能争取到男人的支持，”她说，“他们的妻子几乎百分之百能用上避孕药具。”她告诉男人们，自主计划生育能让他们的孩子更健康、更健壮、更聪明——父亲们往往认为孩子聪明就证明自己聪明，因而愿意接受她的说法。

男性的支持至关重要，男性宗教领袖的支持更对我们的工作大有好处，大卫·欧波蒂·因左夫（David Opoti Inzofu）牧师就是其中之一。大卫生长在肯尼亚西部，他的父母十分保守，既不实施自主计划生育，也对此避而不谈。少年时代，他曾以为自主计划生育是控制人口增长的阴谋。但认识图旁格的社工后，他得知合理地规划生育时间及间隔能促进母婴健康，让每个家庭根据自己的抚养能力决定子女数量。这改变了他的看法。他开始与妻子采取避孕措施，不仅如此，他还在布道中向信众传播这种做法。他引用《圣经·提摩太前书》第 5 章第 8 节的内容说：“人若不看顾亲属，就是背了真道，比不信的人还不好。”[1]

我很高兴看到图旁格如此注重男性在自主计划生育中的角色。男人也不希望子女数量超出自己的抚养能力。他们没有理由反对女性拉长生育间隔的要求。一些男性已经意识到男性与女性有着一致的利益，这些人正是理想的突破口，我们希望他们能在男性中引领关于自主计划生育的讨论。

1 译文据《圣经》中文和合本。

我还结识了另一位男性同盟，曾经，女友一次意外怀孕差点毁了他的生活，自那之后，他就开始提倡自主计划生育。他就是肖恩 · 瓦姆布阿（Shawn Wambua），二十岁那年，他的女友达玛丽斯（Damaris）怀孕了。为此，他差点被开除教籍，还触怒了女友的家人，并且求助无门——因为他父母双亡。

肖恩来到一家保健中心，了解到避孕药具的存在。接着他向达玛丽斯求婚，婚后她放置了宫内节育器，直到确信自己能够抚养两个孩子才再度怀孕。与图旁格接触后，肖恩与他们共同创立了一个名叫“都古帮达达”（兄弟帮姐妹）（Ndugus for Dadas）的团队。每个星期，他会带领二十余名男青年讨论避孕措施和一些其他问题。同时，肖恩也开始向当年差点开除他教籍的教会宣传避孕措施。每当教会领袖旗帜鲜明地反对某项生殖健康法案，或宣称性教育会助长滥交，他就会站出来公开质疑。他认为教会想当然地默认年轻人都没有性生活，以为宣扬避孕手段会污染他们纯洁的思想，但这种想法是错误的。“我们都跟父母一起生活，”他说，“我们知道他们会做什么。”

不可思议的是，如今，教会的长老们默许肖恩在年轻信众中普及生殖健康知识，只要不在教堂里宣讲就行。我想这就是一个完美的隐喻，揭示了旧秩序的守护者身上常有的信仰裂缝。他们知道自己不认可的另一方掌握着某种真理，因此，他们尽管无法亲自传播真理，却也意识到应该允许别人去传播。能见证这样的转变，结识这些杰出的人，我感觉难能可贵，他们的故事是如此有力，甚至让长老们都缓和了态度。

能让所有人受益的社会规范，自然会得到大家的拥护，因为这符合他们的利益。如果社会规范只为维护某些人的权力而存在，并对最自然的人类经验加以禁止或否定，那它就不能单独成立，而必须诉诸惩罚或羞耻感。

羞耻感是女性健康面临的最大障碍，图旁格项目的工作人员发现，有时消除羞耻感最好的方法，就是公开与它对抗。当然，如果时机不够成熟，这样做会有一定风险。但参与这个项目的工作人员都十分了解本土文化，也知道他们勇敢的反抗会迫使社会正视羞耻感文化的错误与不公。随着越来越多的人开始质疑羞耻感文化，转变发生了，羞耻感松动了，文化改变了。无论羞耻感是来自约定俗成的文化还是明文规定的法律，这种做法都行之有效。

写进法律的羞耻感

图旁格展现了集体行动的力量，不过集体的成功背后，必然离不开个人的努力。

皮娅·卡耶塔诺（Pia Cayetano）就是这些人中的一位。2004年她当选菲律宾参议员时，全国上下还没有一条法律保障人们获取避孕药具的权利。地方辖区可以随心所欲地巧立名目、设置障碍，有的要求购买安全套前必须出示处方，有的规定药店必须将售出的避孕药具全部记录在案，还有一些直接禁止出售避孕药具。立法者起草了一份法案，准备在全国推行避孕药具合法化，却遭到了天主教会的反对，致使法案搁浅了十余年之久。

这导致菲律宾产妇死亡率持续上升——尽管全球的产妇死亡率已呈下降趋势。截至 2012 年，菲律宾平均每天有十五名产妇死于难产。皮娅与同事们不同，对分娩的奇妙与危险都有过切身体会。怀上儿子加布里埃尔时，她在一次超声波检查中得知孩子染色体异常。足月妊娠后，她生下加布里埃尔，照顾了他九个月，最终看着他在自己怀中夭折。经历过丧子之痛，皮娅更能带着同情倾听那些缺乏避孕措施的菲律宾女性的故事。玛丽亚就是其中之一，她患有高血压，却连续三次意外怀孕，最终在第三次分娩中死去。还有劳黛丝，她无力抚养八个子女，只好把其中三个送人。

2011 年，富有同情心的贝尼尼奥 · 阿基诺三世（Benigno Aquino III）总统上台，皮娅决定借机在参议院推动普及避孕措施的法案。她强调了产妇死亡的悲剧，宣称“任何女性都不该因生产而死”。她被告知此举毫无胜算，她的同僚会把法案改得面目全非，而且无论如何，反正她也不可能得到足够的票数。另一些参议员强烈质疑她提供的产妇死亡数据，并设法淡化产妇的死，声称因公殉职的男性数量更多，女性不该抱怨。起初没有一位男同事愿意支持她，直到最后，终于有一名男议员站在了她这一边，那就是她的弟弟艾伦 · 卡耶塔诺（Alan Cayetano）。

见艾伦开始帮姐姐说话，男议员们才纷纷承认现有法律加剧了穷人的生存困境。随着法案的声势逐渐壮大，天主教会的主教们也反对得更加强烈，皮娅和法案的另一些支持者遭到了人身攻击。

一个教会在教堂外悬挂了一条横幅，上面写满支持生殖健康法案的议员姓名，批语是“死亡之队”。布道时，教士们会把皮娅的名字列入下地狱者名单。因此，她不再带家人去做弥撒，怕孩子们听见。

然而皮娅告诉我，与此同时，一些天主教领袖找到她，向她传授了一些政治沟通方面的技巧，愿意暗中与她共同帮助穷人，减少产妇与新生儿的死亡。经过不懈努力和多方斡旋，法案终于得以通过，虽然一经通过便遭到了法院的质疑。

一年后的 2013 年 5 月，我在马来西亚的女性传承国际会议上见到了皮娅。她告诉我，为了参与菲律宾最高法院的口头辩论，她不得不推迟计划已久的美国之行。第二年春天，我在收件箱里看到了皮娅的名字，我打开她的邮件，发现信中洋溢着喜悦。她还随信附上了这篇新闻的链接：

菲律宾，马尼拉（最新消息）——最高法院认定生殖健康法案核心条款合法，得知消息后，皮娅·卡耶塔诺参议员露出笑容，对决议表示欢迎。此前，她曾因捍卫该法案而激怒一些男性议员并遭到嘲笑。

“这是我第一次发自内心地热爱我的工作！”她说。

“质疑这项法案的女性甚至男性，从来都无须担忧（生殖健康问题）。由此可见，这是一项专为贫困人口，尤其是贫困妇女服务的法案，他们往往无法获取所需的信息，得不到应有的服务。”

我很容易与从事这项事业的同道中人建立深厚的友谊，每次见到我仰慕的人们取得成功，即使只能在远处欣赏，我也总是兴奋不已，禁不住要为他们喝彩。当然，我也十分珍惜当面祝福与道贺的机会。皮娅 2014 年来西雅图出席一场会议时，我给了她一个大大的拥抱，同时也意识到在共同从事这项事业的道路上，我们多么需要彼此的支持。我们为彼此注入力量，我们让彼此向上。

美国的情况

在菲律宾，皮娅及其同僚的工作取得了巨大的成功。与此同时，英国也成功降低了少女怀孕的比例。英国的少女怀孕率一度高居欧洲之首，近二十年来，这个数字降低了 50%。专家认为，这要归功于英国为年轻人提供的不带偏见的高品质咨询服务。

美国也成功降低了青少年怀孕的比例。目前这一数据处在历史低位，同时意外怀孕的比例也降至三十年来的最低水平。这主要应该归功于避孕药具的普及，因为上届政府采取了两项措施，加快了普及的进程：其一是青少年早孕预防计划，它每年花费一亿美元推广避孕，旨在覆盖全国低收入家庭的青少年；其二是平价医疗法案[1]中的生育计划津贴，有了它，妇女们无须额外支付费用就能购买避孕药具。

可惜的是，现在这些进步都面临威胁——意外怀孕率出现回升趋势，促成进步的政策本身也岌岌可危。本届政府正不遗余力地废除涉及提供自主计划生育和生殖健康服务的项目。

2018 年，本届政府推出了全国性自主计划生育项目 Title X 的最新执行细则，这项计划每年能覆盖 400 万低收入女性。此前，细则通常会列举可使用政府补贴的项目类型，但这版细则没有提及任何一款由食品药品监督管理局（FDA）授权的现代避孕药具，只列举了自然自主计划生育手段，即安全期避孕法，尽管在 Title X 覆盖的低收入女性群体中，使用安全期避孕法的人不足 1%。

本届政府还考虑废除青少年早孕预防计划，这就意味着有相关需求的青少年将失去避孕药具这一大重要来源。我指的是那些生活在落后地区的青少年，他们是来自俄克拉何马州的乔克托族，或来自得克萨斯州的寄养家庭子女，他们几乎没有其他任何选择。政府计划以单纯的禁欲教育取代这些服务。

总而言之，他们似乎想用已被证实无效的做法替代行之有效的做法，在现实中，这就意味着美国的贫困女性更难获取避孕药

---

1 患者保护与平价医疗法案又称“奥巴马医改”（Obamacare），是 2010 年 3 月 23 日美国总统巴拉克·奥巴马签署的联邦法案，为第 111 届美国国会关于医疗改革的主要立法。

具。她们中的许多人会违心地生育更多子女，这仅仅是因为她们贫穷。

在美国，自主计划生育还面临另一个严峻威胁，那就是本届政府提出的一项议案——这项政策一旦通过，联邦政府就将不再资助任何实施堕胎手术，甚至只是接收转诊堕胎病人的医疗机构。得克萨斯州和艾奥瓦州已经出台了类似法案，这些政策给当地女性带来了毁灭性的打击。如今，有一百多万低收入女性依靠 Title X 项目的津贴获取避孕药具，并享受由美国计划生育联合会提供的年度癌症筛查服务。如果我在前面提到的政策被推向全国，她们将无法再从这些机构获取保健服务。其中超过 50 万女性将失去所有保障，因为社区诊所数量有限，无力覆盖所有需要帮助的女性。缺乏经济来源的女性很可能会走投无路。

在国际上，本届政府提出要将用于资助全球自主计划生育项目的资金削减一半，并且不再资助联合国人口基金（The United Nations Population Fund），尽管发展中国家仍有超过 2 亿有节育需求的妇女得不到避孕药具。迄今为止，国会仍在捍卫贫困妇女的权益，对国际自主计划生育项目的投资水平基本得以维持。但世界需要美国带头为妇女争取权益，而不是站在她们的对立面。

本届政府的各项新政也没有将满足女性的需求纳入考量。没有任何研究显示在准备不足的情况下生育对女性有益。事实恰恰相反。把生育与否、何时生育的决定权交给女性，能挽救生命、增进健康、提高教育水平、促进个人发展——在世界上任何一个国家都是如此。

美国所做的一切与菲律宾和英国截然相反。政府利用政策缩小对话范围，抑制多元的声音，纵容当权者将意志强加于贫苦之人。

我所从事的大部分工作都能让我得到提升，另一些则会令我心碎，但目前美国政府的所作所为只让我心中充满愤怒。这些政策处处与贫困女性作对。挣扎在贫困线上的母亲需要更多的时间、金钱和精力来照顾孩子。她们需要自主决定是否推迟怀孕，需要自行掌握生育的时间与间隔，也需要在抚养孩子的同时取得一份收入。避孕措施能帮助她们取得上述每一种权利，但如今，它们全都面临来自政策的威胁。

生活优渥的女性不受政策影响，收入稳定的女性尚有其他选择，但贫困女性别无他法。她们受政策影响最大，却最无力阻止这一切。政客欺压毫无还手之力的人，这就是霸凌。

更令人气愤的是，在企图削减避孕药具预算的人当中，竟有一些人声称他们是在维护道德。我认为没有同理心的人不足以谈道德，而这项政策丝毫没有同理心的痕迹。道德意味着爱邻如爱己，要做到这一点，首先就必须做到视邻如己，尽量帮助邻人减轻负担，而不是让他们的生活雪上加霜。

推行这些政策的人往往满口道德，常常搬出教会在自主计划生育方面的教导，却不具备教会的博爱精神和对穷人的关怀。相反，他们中的许多人不遗余力地与穷人作对，阻挠他们取得避孕药具，千方百计地削减用于资助穷人的预算。他们让我想起耶稣在《圣经·路加福音》中说过的一段话："你们律法师也有祸了。因为你们把难担的担子，放在人身上，自己一个指头却不肯动。"[1]

女性的事由男性决定，是社会落后或倒退的标志。此时此刻，这就发生在美国。如果决定权掌握在女性手中，她们绝不会容忍此类政策。正因如此，全国有那么多女性活动家挨家挨户地为自主计划生育争取支持，通过参加竞选改变了自己的生活，我感到由衷的振奋与鼓舞。

或许，近期这些剥夺女性权利的图谋反而会触发女性争取权利的大潮。但愿我们正在见证这一切，但愿我们捍卫女性自主计划生育权利的努力能引发一场全面争取女性权益的运动。希望将来，在一个又一个国家，当人们制定与女性息息相关的政策时，越来越多的女性能够走进会场，坐到桌前，引领对话。

1 出自《圣经·路加福音》11 : 46。

04

第四章

让她们抬起头来

女孩教育

极低的自我评价与社会习俗的压迫相辅相成，是同一种力量内外作用的结果。不过这种关联，也是被排斥者改变现状的关键。如果一个女孩能提高自我评价，她就能改变那种打压她的文化环境，但多数女孩都无法独自做到这一点。她们还需要支持。要抵御一种憎恨你的文化，最有力的武器莫过于一个爱你的人。

米娜提出要我把她的孩子带走时，我意识到单是保障生育安全还远远不够，我们应该考虑得更全面。正因如此，基金会才开始涉足自主计划生育领域。每次我告诉自己“好了，这次肯定够全面了”，某个女人或女孩就会出现，刷新我对“全面”的定义。我最重要的老师并不是在西雅图见到的那些专家，而是这些女人和女孩，她们在各自的城镇接待我们，与我们谈起她们的梦想。

索纳（Sona）就是这些老师中的一位。她是个十岁的小女孩，生活在印度坎普尔地区一座村庄的贫民聚居区，来自一个种姓极低的家庭。为了维持生计，那里的人们终日生活在六英尺[1]高的垃圾堆里。他们会从其他地区把垃圾带回村里，挑选有价值的

1 约 1.83 米。

出售，再把余下那些卖不掉的胡乱扔在周围。他们就以此为生。

2011 年，我们基金会的加里·达姆施塔特到坎普尔宣传自主计划生育，其间认识了索纳。抵达坎普尔那天早上，他与我们的合作伙伴“城市保健计划”（Urban Health Initiative）碰头，一行人步行穿过村庄，来到会议地点。他们一到会场就被一群女人围在中间，索纳——她们中唯一的小女孩，走向加里，递给他一只玩具鹦鹉。她从垃圾中找到这块材料，经过一番弯折和雕刻把它做成鸟的形状，最终作为礼物赠送。加里感谢她时，她盯着他的眼睛说：“我想要个老师。”

这让加里有些不知所措。他是来坎普尔和村里的女性探讨自主计划生育问题的，不是来开办学校的。他没有立即回答，转而与母亲们交谈。事实证明，她们对自主计划生育项目非常满意，有生以来头一次感觉掌握了自己的命运。这些好消息固然令人欣慰，但谈话时，加里发现索纳一直站在一旁等待，见缝插针地对他说：“我想要个老师，您可以帮我。”在三个小时的时间里，她至少有五十次盯着加里说：“我想要个老师。”

谈话结束后，加里向一位母亲打听索纳。那女人说：“你瞧，就像我们刚才说的，自主计划生育帮了我们大忙，对我们的生活有很深的影响。实际上，如果我们的孩子不能读书，他们长大后就会像我们一样，一辈子生活在垃圾堆里。能决定生几个孩子固然很好，不过我还是很穷，还是得靠捡垃圾过活。除非能去上学，否则孩子们还是会重蹈我们的覆辙。”

直言不讳地提出要求需要勇气，尤其是那些在他人看来有些非分的要求。尽管她只是个出身于拾荒者家庭的低种姓小女孩，但索纳有非凡的勇气与自信，敢于提出她想要一位老师。或许，她根本不知道自己有多大胆，但她身边那些女性不会不知道——而她们任由她说出心声，在某种程度上，索纳成了她们的代言人，说出了母亲们不敢直言的心里话。

索纳无力影响任何人，她所具备的，只是小女孩童言无忌的天真和敢于说出“请帮助我成长”的心气。在这种心气的指引下，她找对了方向，因为在社会与政府提供的所有服务中，教育最能决定一个人的前途。

在提高女性权利的过程中，教育是至关重要的一环——这个赋权的过程从最基础的健康、营养与自主计划生育开始，逐渐过渡到帮助女性取得收入、从事管理经营，再到创立机构、成为领袖。在本章中，我想介绍几位我崇拜的英雄，他们每个人都为那些被社会排斥在外、原本与教育无缘的孩子创造了学习的机会。

在那之前，我得先把索纳的故事讲完。与加里讨论自主计划生育的合作伙伴对这个地区及其法律十分了解。听说索纳“需要老师”，又听到一位母亲跟加里谈起教育，他们立即聚在一起，商量出一个对策。索纳一家没有向政府注册自己居住的土地，他们实际上没有合法居住权。于是我们的合作伙伴找到当地政府，帮索纳和她的邻居们完成了注册，让他们成为合法居民，这实在很了不起，政府也非常配合，他们本来可以对注册百般刁难，相反，他们提供了一切支持。成为这里的合法居民，意味着这个家庭有资格享受一系列政府服务，包括教育。可以肯定，索纳不仅拥有了老师，还拥有了书本和校服。她上学了。而且受益的不止索纳一人，还有村里其他所有的孩子。而这一切，都是因为一个勇敢的孩子敢于直视一位陌生人的双眼，送给他一份礼物，并不断地告诉他："我想要个老师。"

教育：无可比拟的上升通道

教育对索纳这样的女孩具有惊人的提升作用——对女孩本身如此，对她们的家庭和社区亦然。让女孩接受教育利在千秋，能在几代人的时间里推动各项社会进步，从健康水平到经济增长，从性别平等到国家繁荣。下面，请允许我简单介绍几项研究结论。

送女孩上学有助于降低文盲率，提高工资收入，加快经济增长，提高农业生产效率。教育能让女孩减少婚前性行为，降低早婚比率，延迟首次生育时间，帮助女性自主规划子女数量和生育时间。受过教育的母亲懂得如何为子女保证营养，注射疫苗，并获得更多与儿童健康成长相关的知识。

过去二十年间，儿童存活率显著提高，其中一半要归功于母亲教育程度的提高，而且受过教育的母亲送子女上学的概率是未受教育者的两倍以上。

教育能显著提高女性的健康水平、平权意识和经济实力，但我们尚不确知具体原因。女孩们的思想和生活究竟发生了怎样的转变，能带来这些提高？这种转变是由什么引起的？是读写技能、模范效应还是学习过程，或者仅仅是走出家庭？

我听过几种主要的解释，感觉许多说法都不无道理：会读写的女性能更好地利用医疗服务，学校教授的知识能帮助女孩向医护人员更详细地描述家人的健康问题。母亲们能从老师那里学到教育方法，把它运用在孩子身上。而且女孩们一旦走进教室，挖掘自己的学习潜能，她们就会改变对自己的看法，意识到自身的力量。

上述理由中，最后一条尤其令我振奋，这意味着女性能运用学校传授的技能瓦解阻碍她们进步的社会陈规。每次访问学校、与同学们交流，我都感觉学校是最能体现慈善工作价值的地方。我的这种感觉始于高中时代，当时我曾志愿去一所拥挤的公立学校教数学和英文。在那里，孩子们每学到一点新知识都能看到自己成长的潜能，这足以提升他们的自我认知，改变他们的未来。

被社会排斥在外的人往往自认不具备接受教育的资格，也不应该提出这种要求，因为这不可能实现。好的学校能扭转这种认知，鼓励学生大胆地认识自己，看到自己的潜能。对这些孩子来说，他们较高的自我期望与社会对他们较低的期望完全相反，而这正是教育的意义所在。能为身处社会边缘的学生注入力量的学校，大都具有一定的颠覆性。社会蔑视他们，以此阻碍他们进步，但好的学校能在他们心目中树立一个截然不同的自我形象，对抗社会的打压。

优秀的学校破除社会偏见的故事，在全球比比皆是——无论是在美国、南亚，还是在撒哈拉以南的非洲。由于社会的灌输，一些学生向来自认无关紧要，不配得到机会。是这些学校改变了他们的人生。

催人向上的学校

大约十年前，在洛杉矶，我曾被问过一个问题。当时我正与近百名来自问题家庭的非裔、拉美裔青少年交流，一个年轻女孩突然问我："您会不会认为我们与您无关，只是一些被父母抛下不管的孩子，都是没人要的垃圾？"

她问的问题令我震惊。我想拥抱她，想让她知道她的生命充满价值，她也与每个人一样，享有同等的权利和机会。然而在后来的旅途中，我理解了她为什么不这样认为。与另一位年轻女性交流时，我得知她注册了一门课程，即使她次次满分，也无法凭借所学知识进入大学或在任何地方深造。我看了她的课表，有一门课程专门教她阅读汤罐头背后的说明，并记下那些内容。这就是她的数学课。这种情况十分常见，我在全美国的许多学校都见过类似的情形，一些学生在学代数 II，另一些却在学记账。前一批人将进入大学，走上职场；后一批人只能艰难地勉强生存。

教育是比尔和我在美国开展慈善工作的重点。我们相信，加强中、高等教育是我国有史以来最能促进机会均等的举措。我们致力于让更多来自非裔、拉美裔和低收入家庭的学生取得高中文凭，也希望他们中的更多人能在高中毕业之后继续深造——无论男女［我正在通过自己创立的公司 Pivotal 创投（Pivotal Ventures）为女孩，尤其是少数族裔女孩，拓展进入科技行业的渠道。我创立 Pivotal 创投的目的，就是推动美国社会的进步］。最好的学校能帮助那些本以为自己永无出头之日的学生，让他们跃入龙门。目睹这样的奇迹能让人喜极而泣。

2015 年，比尔和我来到位于肯塔基州弗洛伊德县的贝琪·莱恩高中（Betsy Layne High School），这个农业地区深处阿巴拉契亚山区，当地经济因煤炭行业江河日下而备受打击。《纽约时报》曾称这里是全国生活水平最低的地区。这里有六个县在收入、教育资源、失业率、肥胖率、失能者人数和人均寿命方面排名全国后十位。神奇的是，过去十年间，尽管经济仍持续衰退，弗洛伊德县学生的成绩却从全国第一百四十五位飙升至第十二位。我们想知道他们是怎么做到的。

那次，薇琪·菲利普斯（Vicki Phillips）也与我们同行，她当时是我们基金会的基础教育[1]负责人。她对当地师生面临的挑战了如指掌，因为那都是她的亲身经历。薇琪告诉我们，在她很小的

1 原文 K-12 education，是美国基础教育的统称。“K”代表 Kindergarten（幼儿园），“12”代表 12 年级（相当于我国的高三）。——编者注

时候，她妈妈跟她继父结了婚。他们付清了五百美元的欠缴税款，买下一栋房子。那是一套四居室，地面裸露、窗户朽烂，坐落在肯塔基州乡下的一处农场上，那地方至今依然属于她家。薇琪就在这里长大，帮大人们喂猪、种地，靠打猎填饱肚子。她家有台手摇泵，屋后有个厕所。他们并不觉得自己贫穷，因为邻居们的生活也都一样清苦。

薇琪说她的老师们对学生极其负责，但回首过去，她意识到自己当时接受的教育并不能让她考入大学，只会让她安于现状。“在我的家乡，”她说，“许多人并不渴望成绩优秀。优秀叫人害怕。”

“我父母希望我能读完高中，留在家乡，结婚生子。那天我回家告诉他们‘我要去上大学’时，我继父说：‘那我就没你这个女儿。上了大学，你就再也别想进这个家门。永远别回来了，咱们不是一路人。’”

薇琪跟继父冲突不断，甚至到她离家那天依然争执不下。他说：“我们这里很安全。你是我的女儿。你去上大学，我怎么能放心呢？”

薇琪告诉我们，随后他会直接抛出最敏感的问题：“你到底为什么想离开家呢，嗯？你要的家里都有。你是不是嫌家里条件不好？是不是觉得我们配不上你？”

因为担心外出求学的孩子会一去不复返，亲人们常常会问出这种问题。在他们看来，本土文化并不会阻碍发展，只会让人凝聚。在他们眼中，追求卓越也可能是瞧不起自己的乡亲。

薇琪说，这就是她成长的环境。当地文化丝毫不鼓励她继续深造。她之所以能考入大学，是因为结识了一位来自县里相对发达地区的朋友。一天，那女孩对薇琪说："你说不上大学了是什么意思？！你明明跟我一样聪明啊！"她开始鼓励薇琪选更有难度的课程，参加大学入学考试，争取奖学金。薇琪就这样战胜了那种阻碍她接受高等教育的文化，加入了朋友的阵营。要想脱颖而出，薇琪说，你身边必须有人支持。没几个人能独自成功。

挑战陈旧观念必然带来冲突，但薇琪毫不畏惧。最终，她与包括继父在内的家人达成了谅解。离家一年后，她在学校接到一个电话，听筒里那个熟悉的男声对她说："薇琪，咱们不能再这样下去了。我开车去接你回家看看吧。"继父把她接回家中，大家重拾往日的亲情。她跟继父重新亲近起来，坦然接受了彼此的差异。在以后的日子里，他总是亲昵地调侃她是"我们家的小民主党"。（他们全家都是忠实的共和党支持者。）

毕业后，薇琪先是进入特殊学校任教，后来又成为校长，最终成了一个州的教育局局长。她始终致力于破除陈规，为那些被排除在外的人带去力量。在贝琪·莱恩高中的教职员工身上，我们也看到了同样的动力。

我们在学校见到的每个人都很热情且令人印象深刻——为首的就是校长卡桑德拉·埃克斯（Cassandra Akers）。卡桑德拉对贝琪·莱恩的热爱由来已久，她曾是1984级毕业生的致辞代表。如今她依然生活在自己从小长大的家中，当上老师之后，她从父母手中把那栋房子买了下来。她是七个兄弟姐妹中的老大，也是家里唯一的大学生，所以她十分了解这里的情况，深知孩子们面临哪些困难。

“学生们必须记住，我们对他们期望很高，”她说，“与此同时，他们也知道我们会设法满足他们的一切需求，无论是教学、辅导还是额外的帮助，像食物、衣物、住处等等。我们必须照顾他们的方方面面。”

在转变陈旧观念的过程中，最大的难点就是提升孩子们的自我认知。社会、媒体甚至家人早已在他们心中埋下了自我怀疑的种子。子女很容易从理想破灭的父母那里学会质疑自己，而自我怀疑的习惯一旦形成，就很难改变。贝琪·莱恩的心理咨询师告诉我，不自信的人总觉得有人针对自己，不少学生都认为这世界非但不关心他们，而且处处与他们作对。

这种挑战越是严峻，改变他们周遭的文化环境就越有必要，我们必须为他们创造全新的环境，对他们寄予新的期望。数学老师克里斯蒂娜·克雷斯（Christina Crase）告诉我，开学第一天，她就对同学们说：“请你们给我两周时间！”她不关心他们过去经历过多少失败，也不想知道他们有多讨厌数学、进度落下多少。她只说：“给我一个机会，你们会看到自己有多棒！”

她发起的课堂活动之一，是帮学生们建造小型摩天轮。她第一次向全班同学宣布这个设想时，学生们都以为她疯了，不过他们依然愉快地接受了这项任务。这可比上数学课简单多了！他们开始踊跃地建造摩天轮。后来克雷斯女士讲正弦、余弦时一拿摩天轮举例，他们就全听懂了。

他们不但听懂了，而且掌握得很好。一次，几名同学参加完县里的一场嘉年华归来，冲进教室说："克雷斯女士，我们没坐摩天轮。"

"为什么不坐呢？"老师问。

"我们觉得它的结构不够牢靠。"他们说，接着就开始用微积分和三角函数阐述理由。

课堂参观结束后，比尔和我来到食堂跟同学们一起吃午餐比萨。一些同学坦承自己起初不敢选大学先修课程[1]，因为"先修课程是聪明孩子学的"。不过他们依然学了，而且很有收获，最重要的是，他们发现"我们自己就是聪明孩子"。

好的学校不仅教书育人，还能带来改变。

| 校园里的女生

均等的教育机会赋予人力量，教育不平等则恰恰相反。把特定人群排除在外的手段很多，教育不平等是其中危害最大、影响最深远的一种。如果不公开倡导普惠教育，学校就不可能成为消

---

1 大学先修课程又称进阶先修课程（Advanced Placement），是由美国大学理事会在美国和加拿大的高中赞助和授权的高中先修性大学课程，比一般高中课程难度要高。

除社会不平等的良药，而只会助长排斥。

尽管事实早已证明让女孩接受教育有诸多好处，但全球仍有1.3亿女孩处于失学状态。这个数字往往被表述为进步的结果，这仅仅是因为过去导致女孩无法上学的障碍比今天更多。在我的学生时代，全球在校男生人数远远高于女生。这种差距在不实行义务教育制度的国家普遍存在。

过去数十年来，各国政府为扭转这一趋势做出了不懈的努力，也取得了显著的成效。在大多数国家，小学阶段的男女生入学人数已基本持平。不过我们的目标显然不是确保男女生入学率同样低，而是扫除所有影响儿童入学的障碍，只是在某些地区，女生面临的障碍比男生更多。这个问题在七到十二年级的中学阶段尤为突出。在几内亚，只有四分之一的女孩能升入中学，而男生有近40%。在乍得，升入中学的女生不足三分之一，而男生超过三分之二。同样，在阿富汗，上中学的女生只比三分之一略多，而男生有70%。差距在大学阶段依然存在。在低收入国家，高中毕业后继续深造的女生人数仅是男生的55%。

为什么进入中学和大学的女生少于男生？从经济角度来讲，送女孩上学是一项长期投资，而极端贫困家庭关注的往往是生存，他们不是需要人手干活儿，就是交不起学费。从社会原因分析，社会为女性安排的角色往往无须教育就能胜任。实际上，允许女性接受教育会对传统性别分工构成威胁。从政治角度来讲，我们可以看到世界上大多数极端组织，譬如2014年在尼日利亚东北部绑架 276 名女学生的博科圣地，都极力反对女性接受教育（其实，“博科圣地”的意思就是“禁绝西式教育”）。极端分子想告诉女性：“你们无须上学就能成为我们理想的女人。”因此他们烧毁学校，绑架女生，恐吓有女孩的家庭，迫使他们把女儿留在家中。他们相信侍奉男人是女人的天职。送女孩上学是对这种谬论最直接的还击。马拉拉·优素福扎伊（Malala Yousafzai）就是勇于挑战这一陈旧观念的年轻女性之一。她来自巴基斯坦，2012 年被塔利班射伤，那时她十五岁。早在负伤之前，马拉拉就已经举世闻名。她父亲创办了多所学校，在他的启发下，马拉拉注册了一个博客，讲述她作为一个女孩在塔利班政权下的学生生活。她收获了众多读者，戴斯蒙德·图图大主教[1]曾提名她角逐国际儿童和平奖。

因此，马拉拉遭遇的并非一场针对女学生的无差别袭击，而是一次目标明确的行动，为的是阻止一位知名活动家发出声音，同时震慑那些与她站在同一战线的人。但马拉拉并不打算沉默。受伤九个月后，她在联合国发表了演讲。“拿起书本和笔吧，”她说，“这是我们最有力的武器。一个孩子、一位老师、一本书和一支笔，这些加在一起，就足以改变世界。”

一年后，马拉拉荣获 2014 年度的诺贝尔和平奖，成为有史以来最年轻的诺贝尔和平奖得主。（得知自己获奖时，她正坐在教室

---

1 戴斯蒙德·图图大主教（Archbishop Desmond Tutu，1937— ）是南非教士，曾任开普敦大主教，1984 年获得诺贝尔和平奖。

里上化学课！）

马拉拉获奖后，我见到了她，我也像所有人一样感到深受启发。不过，更能启发我的是她的讲述。2017 年，我邀请她在纽约出席了一场活动。我发现马拉拉讲故事从不以自己为中心，她说："相信我在有生之年能看到每个女孩都能走进学堂，因为我对各国领导人充满信心。"随后，她讲述了自己在全球与活动家们一道促进女孩入学的故事，令人意想不到的是，她竟把他们中在场的人请上讲台。他们一上台，马拉拉就把话筒交给了这些曾鼓舞她的人。

今天，马拉拉的基金会致力于资助全球的教育界活动家，其中一位活动家在巴西提升教师的性别平等意识，另一位在尼日利亚开展运动，推动国家免除学费，还有一位在马拉拉的家乡巴基斯坦发起讨论，鼓励家长送女儿上学。

我也要向马拉拉学习，把那些曾让我深受鼓舞的人和组织介绍给读者，与你分享他们的故事。从肯尼亚到孟加拉国，世界各国政府都为支持女孩免费入学提供了巨额财政拨款。联合国与世界银行都设立了大型的女童助学项目。另有一些机构，譬如女性教育行动（Campaign for Female Education），力求把教育带给世界上最贫困的女孩。在这些伟大的项目中，我想主要介绍最令我难忘的三个：它们的主导者分别是一国政府、一个国际组织和一位年轻的马赛族女人。这个女人曾挺身而出，改变了延续数百年的传统。

“发展的媒介”

关于女性教育最鼓舞人心的设想之一来自墨西哥。那些最能推动社会发展的设想往往十分简单，特别是在我们听说之后。但从零开始提出想法、付诸实践，需要非凡的远见卓识。20 世纪 90 年代，许多墨西哥家庭仍不能送孩子上学，因为孩子也需要帮忙维持家中的生计。有鉴于此，1997 年，一个名叫何塞·戈麦兹·德莱昂（José Gómez de León）的男人与同事一同提出了一个全新的理念。他们认定女性与女孩是“发展的媒介”，并以此指导实践。

政府开始将学业看作一份工作，向那些送孩子上学的家庭支付报酬，金额按孩子们打工的工资计算——一个三年级的孩子每月能挣十美元，高中生每月六十。他们把这个项目命名为“Oportunidades”，意为“机遇”。

工作人员会确保母亲们直接领到孩子的工资。由于女孩比男孩更容易辍学，所以留在学校的女孩领到的补贴比男孩略高。

项目分阶段实施后，参与“Oportunidades”项目的女孩入学率比未参与者高出 20%。这个项目不仅为更多女孩带来学习机会，更延长了她们在校学习的时间，惠及了近 600 万个家庭。

在项目实施的短短二十年间，墨西哥实现了教育上的性别均等——不仅是在小学阶段，而且在中学、大学阶段均是如此。墨西哥女性取得计算机科学学位的比例世界最高。

世界银行将墨西哥的做法引为全球各国的模范，认为这是全球首个聚焦极端贫困家庭的项目。如今，全球已有五十二个国家开展了类似的项目。

孟加拉国的突破

2004年，孟加拉国乡村发展委员会（Bangladesh Rural Advancement Committee，BRAC）被授予盖茨全球卫生保健奖，自那之后，我逐渐了解了他们的工作。2005年，我拜访了他们的创始人费索尔·哈桑·阿贝德（Fazle Hasan Abed）。BRAC在卫生保健和小微信贷领域开展了极富前瞻性的工作，此外，它还是世俗世界最大的私营教育机构，专注于女性教育。

20世纪70年代，刚结束解放战争的孟加拉国百废待兴，多数家庭以种地为生，靠一小片农田勉强度日，严重依赖孩子们的劳动。因此，80年代，孟加拉国仅有不足2%的女童能读到小学五年级，到了高中阶段，女生只有男生的一半。正是在这种背景下，在欧洲经商的成功商人费索尔·哈桑·阿贝德决定回祖国创立BRAC，开始兴建学校。

自1985年创立时起，BRAC就规定，旗下所有学校的女生比例必须至少达到70%。教师只能是女性，而且必须来自本地，这样家长就不必担心女儿的安全问题。每所BRAC学校的日程都依据农时设置，这样那些需要女儿帮忙干农活儿的父母就能送她们上学。而且BRAC学校还免费发放教材和文具，家长再也不能以学习开支昂贵为由不送女儿上学。

BRAC 学校越来越多，引起了孟加拉国宗教极端势力的注意，他们知道学校教育能提高女性地位，于是开始烧毁学校。劫难过后，阿贝德重建了学校。他说 BRAC 的目标，就是反对那种压制女性的文化，而这些纵火者的行为恰恰证明 BRAC 正离目标越来越近。今天，在孟加拉国，高中女生人数多于男生。此外，BRAC 还在全球开办了 48000 所学校和学习中心，深入世界上最反对女性接受教育的地区，逐渐改变当地的文化。

挑战数个世纪的传统

在撒哈拉以南的许多非洲国家，人们认为女孩生来应该遵循种种传统，而不是质疑甚至改变它们。

卡卡尼亚·恩蒂亚（Kakenya Ntaiya）是肯尼亚一个十三岁的女孩，像大多数同龄的马赛族姑娘一样，她的命运早在出生那天就已注定。她会进入小学就读，直到青春期，然后接受女性割礼，中断学业，嫁给父母在她五岁时安排的订婚对象。婚后，她就得挑水拾柴，打扫房间，煮饭种地。她人生的每一步都早有安排，如果一个女孩的一生都被安排好了，那么这种安排一定对所有人都有利，除了她自己。

变革总是从第一个说“不！”的人开始。

我是通过一部纪录片认识这个勇敢的马赛族女孩的。当时我们基金会赞助了一项纪录片大赛，主题是改变世界的人们，最终夺魁的那部影片讲的就是卡卡尼亚的故事。

卡卡尼亚梦想成为一名教师。这意味着她必须在进入青春期之后继续上学，而不是嫁作人妇，为新的家庭做饭打扫。她必须留在学校，我难以想象这需要多大的勇气。小学时我是个乖孩子，希望赢得所有人的肯定。我很幸运，对未来的设想恰好与父母、老师的期望一致。假如我的梦想不符合他们的期望，我真不知道自己是否有勇气据理力争。

卡卡尼亚显然从没产生过这样的怀疑。十三岁那年，她与父亲做了个约定：她愿意接受女性割礼，但父亲必须答应不逼她结婚，并允许她继续上学。卡卡尼亚的父亲知道，如果她不接受割礼，自己就会在街坊邻居面前抬不起头来。同时他也知道，女儿性子刚烈，绝对敢违抗传统。经过一番权衡，他答应了。

行割礼的日子到了，卡卡尼亚走进她家附近的一座牛栏，一个当地老太太在全体街坊邻居的注目下用生锈的刀割下了她的阴蒂。卡卡尼亚当即血流如注，疼得晕了过去。三周后，她回到学校，决心成为一名教师。毕业时，她获得了去美国攻读大学的全额奖学金。

可惜奖学金并不包含机票，村里人也不肯替她筹集路费。每当她告诉别人自己拿到了奖学金，需要他们帮助时，他们就会说："真是白费。奖学金应该发给男孩。"

卡卡尼亚不仅有挑战传统的勇气，还有顺势而为的智慧。马赛族人相信好消息总是早上传来，所以卡卡尼亚每天早上都会去村里一位一言九鼎的族人家敲门，承诺如果他愿意帮助她去美国上学，那她一定回来建设家乡。

最终，她让村里人凑钱替她买了机票。

她来到美国，不仅完成了本科学业，还拿到了教育学博士学位。她进入联合国工作，了解到女性与女孩与生俱来的权利。最重要的是，她说："我意识到自己其实不必用身体的一部分去换取受教育的机会。那是我的权利。"

后来，她如约返回家乡，请村里的长者帮她筹建一所女校。"为什么不建男校呢？"他们问，其中一位甚至表示女孩没必要上学，尽管他也很敬重卡卡尼亚信守承诺，回来建设家乡。"咱们村也有几个男孩去美国上学，"他说，"据我所知，愿意回来帮忙的只有卡卡尼亚一个。"

卡卡尼亚从他这句话中找到了突破口。既然回来帮忙的不是男孩而是女孩，她说，那岂不正说明女孩更应该接受教育？如今，那位长者说："她的话让我们非常感动……她带来了一所学校，也带来了光明，她想改变旧的传统，让女孩们过上更好的生活。"

长者们给新学校捐赠了一块土地，2009 年，卡卡尼亚卓越学习中心开幕了。学校主要帮助小学高年级女生向中学过渡，这正是女孩们最容易被迫辍学嫁人的阶段。卡卡尼亚中心为学生们提供校服、书本和课程辅导，条件是家长必须同意女儿在校期间不行割礼，也不结婚。在肯尼亚全国统一考试中，中心的一些学生取得了全国前 2% 的成绩，进入肯尼亚和国外的大学。

我不知道那些敢于站出来挑战传统的人为什么会如此勇敢，他们一旦挺身而出就总是一呼百应，能吸引众多追随者。那些人也与他们有着同样的信念，却没有他们的勇气。领袖往往就是这样诞生的。他们总能说出他人之所想，吸引志同道合者加入他们的队伍。这位年轻女性正是如此，她不仅改变了自己的命运，更改变了家乡的文化。

改变女孩的自我认知

我与女性的交流和我看到的数据无不证明，女性教育对女孩最大的改变，在于重塑她们心中的自我。这就是提升她们的关键。如果她们不能改变看待自己的眼光，教育就无法改变传统，因为她们只会用学校传授的技能去助长压制女性的陈规。

这便是教育赋予人力量的秘诀：让女孩知道她不必听信别人对她下的定论。她与所有人享有同等的权利，她必须去主张并捍卫它们。影响深远的伟大社会运动往往就这样开始：被排斥在外的人拒绝接受社会的压制，开始重塑心中的自我。

苏达·法吉斯修女（Sister Sudha Varghese）比任何人都清楚这一点。她小时候生活在印度西南部，上的是天主教学校。一天，她读到一篇关于修女和教士帮助穷人的文章，立刻受到感召，决心献身信仰。她进入教会，成为修女，走上了工作岗位。然而她发现这并不是自己想要的，女修道院的日子太安逸了，她服务的人也不是特别贫困。“我要到穷人中去，”她说，“不只是穷人，还必须是他们中最贫穷的那些。所以，我去了穆萨哈尔[1]聚居区。”

在信仰的指引下，苏达来到被社会排斥的人当中。她帮助的对象全都处在社会最外围的边缘地带。穆萨哈尔意为“食鼠者”，属于印度的贱民阶层——低贱的种姓决定他们生来就不配为人。他们没有资格进入村里的寺庙，也不能走村里的干道。他们不能与别人同桌吃饭，或使用同一套餐具。穆萨哈尔的地位是如此低下，就连别的“贱民”都对他们嗤之以鼻。

最初决定帮助穆萨哈尔时，苏达没有任何计划，也没有现成的项目可以加入。她只身来到印度东北部，走进穆萨哈尔聚居区，四处打听哪里可以供她落脚。她在一间谷仓找到了住处，随即立刻投入工作，设法帮助最底层的穆萨哈尔——也就是女人和女孩——改善生活。

苏达告诉我，有一次，她问一群女穆萨哈尔谁没被丈夫打过，让她们举手。结果谁也没有举手。苏达以为她们没听懂问题，就改问：“被丈夫打过的请举手。”这次，所有人都举起了手，她们每个人都遭受过家庭暴力。

在家庭之外，情况更加严峻。穆萨哈尔女性长期受人蔑视，

---

1 穆萨哈尔（Musahar）是印度比哈尔邦、北方邦的贱民种姓，传统上以捕鼠为业。

而且始终面临性暴力威胁。如果穆萨哈尔女孩在村外走动，就会有人骂她们是“吃老鼠的”，让她们记住自己的贱民身份。如果她们笑得太大声或走得太随意，有人就会揪住她们的胳膊，提醒她们穆萨哈尔女孩不能这样。

自她们出生那天起，社会就一次次告诉这些女孩，她们一文不值。

为改善穆萨哈尔女性的处境，苏达鞠躬尽瘁，她因与“贱民”同吃同住而受人白眼，因致力于将强奸案件诉诸法律而遭到死亡威胁。2005 年，经过二十余年的努力，苏达认定自己能为穆萨哈尔女孩做的最大贡献，就是开办一所免费的寄宿学校。

苏达修女说：“这些女孩从小学到、听到、看到的一切都在告诉她们：‘你就是个垃圾。’她们对此已经深信不疑。她们会想：‘这就是我的命。我属于这里。我不该坐椅子，而该坐在地上，这样就没人能命令我坐得更低。’她们生来就被告知：‘你排在最后。你最不重要。你什么也不配拥有。’她们很快就学会了沉默，不再期待改变，也不提任何要求。”苏达修女办学的目的，就是扭转这种自我认知。

我最喜欢的一段《圣经》经文是“那在后的将要在前，在前的将要在后了”[1]。我认为这句话完美地概括了苏达修女的使命。她一开始就告诉学生们，无论社会如何灌输，她们永远不该把自己

1 出自《圣经·马太福音》20 : 16。

放在最后。

她把新学校命名为普里纳（Prerna），这个词在印地语中意为“启迪”。我在学校见到了她。她握着我的手，把路上遇到的学生一一介绍给我，而且能叫出每个人的名字。女孩们刚来时难免想家，修女见一个女生眼泪汪汪，就停下来安慰她，同时亲切地抚摩她的头。跟女孩们说话时，修女总是亲昵地触碰她们，把手搭在她们肩上或轻拍她们的背，她对每个人都充满慈爱。女孩们受了伤，她就亲自给她们包扎——因为她们受伤时从不习惯被人照顾。修女想消除她们心中固有的印象，让她们知道，她们并非不可触碰之人[1]。

修女说：“她们刚来时总是紧盯着地板。让她们抬头都很不容易。”而我见到的女孩们全都昂首挺胸，敢于直视我的眼睛。她们都恭敬礼貌，无限好奇，目光明亮，充满自信——甚至有些大胆。一个女孩听说我丈夫是比尔·盖茨，就问我身上带了多少钱。我翻出空空如也的衣兜，跟修女一起哈哈大笑。

普里纳的女生要学习英语、数学、音乐和计算机等普通科目。另外，修女还开设了一门特殊课程，从来到这里的那天起，她就想把它教给这些穆萨哈尔。她要求每个女孩知悉自己的权利，记住她们有权学习、玩耍，有权自由行走、保护自身安全，也有权站出来捍卫自己。

1　原文中的“贱民”写作 untouchable，字面意思是“不可触碰的”。

她们自出生起就不断被人贬到最低，但在这里，她们学到的是“你们与别人享有同等的权利。你必须运用所学知识捍卫自己的权利”。

这绝非一句空谈。苏达修女还教女孩们学习空手道。在家中、在田间，她们经常沦为性暴力侵害的对象，因此，修女想让她们知道，她们有权拒绝侵犯，也有能力对抗袭击者。（事实证明，传授防身技能可有效减少针对青春期少女的暴力侵犯。）修女自豪地告诉我，她的一个女学生曾狠狠踢过一个图谋不轨的醉汉。那人踉踉跄跄地逃跑了，再也没有回来。

对女生们而言，学习空手道以及其他一些防身技能简直匪夷所思，因为她们从小就被教导要逆来顺受。但她们学得十分刻苦，而且进步神速，她们的空手道老师甚至提议普里纳派一支队伍参加全国空手道比赛。修女同意了，她觉得外出旅行对孩子们有好处。女孩们在她们参加的所有赛事中都夺取了金牌或银牌。比哈尔邦邦长得知后要求接见她们，并主动提出资助她们去日本参加世界锦标赛。这就是在后的将要在前。

修女为她们准备了护照、机票和旅行证件。这是个见世面的好机会。女孩们带回来七个奖杯，她们还有另一个收获：她们终于知道了置身于一个不被打压的环境是什么感觉。

“看到人们对自己如此尊重，她们万分惊讶，”修女说，“她们对我说：‘想想吧，他们向我鞠躬，还弯着腰跟我说话。’”

这是女孩们第一次来到一个不鄙夷她们的社会。这让她们看到自己之所以在本国受到践踏和蔑视，并不是因为自己有任何过错，而是因为社会存在问题。

极低的自我评价与社会习俗的压迫相辅相成，是同一种力量内外作用的结果。不过这种关联，也是被排斥者改变现状的关键。如果一个女孩能提高自我评价，她就能改变那种打压她的文化环境，但多数女孩都无法独自做到这一点。她们还需要支持。要抵御一种憎恨你的文化，最有力的武器莫过于一个爱你的人。

爱是世界上最有力，也最被低估的变革力量。我们在政策讨论和政治辩论中找不到它。那些伟大人物，如特蕾莎修女、阿尔伯特·史怀哲（Albert Schweitzer）、莫罕达斯·甘地、多萝西·戴伊（Dorothy Day）、戴斯蒙德·图图和马丁·路德·金，都曾为实现社会正义做出过坚强果敢的工作，而他们最强调的，也都是爱。

我们的政治候选人从不把爱作为必备的职业素质，这反映出在我们的文化中，“爱”是一个令人羞于启齿的字眼。在我心目中，爱是人最美好的品质。就像我最欣赏的精神导师之一——方济各会教士理查德·罗尔（Richard Rohr）所说的那样：“只有爱能平稳地驾驭权力。”

对我而言，爱意味着努力改善他人的生活，而这往往就从提升对方的自尊开始。

我在同事和同学身上都见识过自尊的力量，无论是在小学、大学还是在世界顶级的公司。我也在自己身上感受过这种力量。在达拉斯上高中时，我见过一位大学咨询顾问，我知道她一直想给我提些建议。在我列出理想的学校之后，她告诫我最好调低期望值，因为我不可能考进其中任何一所。她认为我应该重点申请离家比较近的学校。

如果不是身边有那么多人支持，我说不定会听从她的建议，屈就一所大学。当时我愤怒地夺门而出，对自己的目标更加坚定。我并不是天生就具备这种力量，它来自那些让我看到自己的天赋、希望我能活出精彩的人。也正因如此，我才会如此欣赏那些伟大的老师，他们接纳了这些女孩，并提升了她们的力量，也彻底改变了学生们的人生。

有了爱与支持，女孩就能打破那种阻碍她发挥潜能的自我认知。她会渐渐找到自信，意识到自己也具备学习的能力。学习能让她发觉自己的天赋。而天赋会让她看到，自己其实充满力量，也能够捍卫自己的权利。如果你用爱而不是恨滋养这些女孩，你就会见证这一切。你会让她们抬起头来。她们会找到自己的声音。

05

第五章

无形的不平等

无偿劳动

有偿工作能促进性别平等，让女性变得更强大、更独立。正因如此，无偿劳动揭示的性别不平等问题才如此关键：女性在家中从事的无偿劳动会阻碍她们从事那些能提升自身地位的活动，譬如接受教育，取得收入，与同性交流或参与政治活动。不平等的无偿劳动阻碍了女性的赋权之路。

四五年前，早在我尚未开始关注全球最贫困女性面临的家务负担问题时，我就听说了查姆帕（Champa）的故事。

查姆帕是一个二十二岁的年轻母亲，来自印度中部一个部落聚居区，与丈夫、公婆和三个孩子生活在一座有两个房间的棚屋里。一天早上，我们印度分部的负责人阿肖克·亚历山大（Ashok Alexander）带着一队保健员去找她。他们听说查姆帕两岁的女儿拉尼（Rani）严重营养不良，如果不及时救治恐有生命危险。

客人们到了，查姆帕走出房门，单手抱着孩子，脸上盖着巴露——那是保守的印地妇女穿戴的一种服饰，以减少与男性的接触。此外，她还用另一只手拿着一堆她看不懂的医学诊断书。她把它们塞进阿肖克手里。

阿肖克接过诊断书，打量着拉尼。小女孩极端营养不良，腿细得像根火柴棍，她妈妈却对此束手无策。拉尼已经不能吃普通的食物了。她需要特殊治疗——必须在悉心照料下少量多次摄入经过强化的营养膳食，而村里根本不具备这种条件。查姆帕唯一的希望，就是把孩子送进该地区的营养不良治疗中心，只要能撑到那里，拉尼几周内就能恢复健康。可坐大巴去中心足足要两个小时，拉尼和查姆帕得在那儿待两周，得知这个消息，她公公说："她不能走，她得留下给家里人做饭。"

查姆帕把这一切告诉了当地的女保健员，全程遮着面孔，尽管对方也是女性。她没有顶撞公公，即使是为了拯救孩子的生命。

阿肖克说想跟那位公公谈谈。他们找到他时，他正躺在田里喝自酿的劣酒。阿肖克说："要是你不让孙女接受治疗，孩子会死的。"

"她不能去，"那位公公说，"离开两周，怎么可能。"阿肖克再次强调拉尼可能会死，那个男人说："神要带走一个孩子，就会还你一个孩子。神在这方面是伟大慷慨的。"

没人主动站出来替查姆帕做饭，没人给她帮忙。她家没有一个人愿意或有能力挑起这副重担，即使孩子已生命垂危。

拉尼最终得救了，因为保健员及时干预，把她送进了治疗中心，与此同时，查姆帕继续留在家中做饭。拉尼是幸运的，像她这样的孩子不计其数，他们的母亲终日家务缠身，被社会传统所束缚，根本无力保护自己的孩子。

后来，阿肖克告诉我们："这并不是个例。这种情况我见得太多了。这些女人没有权利，也没人支持，整天只能做饭、打扫，眼睁睁地看着孩子在自己怀里死去，却连脸都不敢露。"

失衡的无偿劳动

对于那些终日忙于无偿劳动的女性，家务琐事扼杀了她们毕生的梦想。什么是“无偿劳动”？其实就是琐碎的家务，它们通常由一名家庭成员无偿承担，譬如照料孩子和其他家人、做饭、打扫、购物、跑腿等等。在许多不通水电的国家，女人和女孩在挑水、捡柴等工作上花费的时间与精力也属于无偿劳动。

这就是数百万女性每日的真实生活，尤其是在极端贫困的地区，女性承担了维持家庭运转所需的大部分无偿劳动。

纵观全球，女性从事无偿劳动的时间平均是男性的两倍，不过各国的数据差异很大。在印度，女性每天进行无偿劳动的时间是 6 小时，男性不足 1 小时。在美国，女性平均每天花 4 小时从事无偿劳动，男性平均只有 2.5 小时。在挪威，女性每天的无偿劳动时间是 3.5 小时，男性接近 3 小时。在无偿劳动方面，没有一个国家做到完全平等。这意味着平均而言，女性这一生要比男性多从事 7 年无偿劳动，这大致相当于完成本科及硕士学业的时间。

如果女性能减少无偿劳动时间，那她们就能更多地参与有偿劳动。实际上，如果女性每天的无偿劳动时间能从 5 小时减少到 3 小时，女性参与经济活动的比例就能提高 20%。

这一点至关重要，因为有偿工作能促进性别平等，让女性变得更强大、更独立。正因如此，无偿劳动揭示的性别不平等问题才如此关键：女性在家中从事的无偿劳动会阻碍她们从事那些能提升自身地位的活动，譬如接受教育，取得收入，与同性交流或参与政治活动。不平等的无偿劳动阻碍了女性的赋权之路。

当然，某些无偿劳动能为生活注入深刻的意义，照顾家庭成员就是其中之一。不过，分担这项职责能让所有家庭成员受益，包括照护者与被照护者，指出这一点，并不等于否定照护工作的意义和价值。

2014 年 1 月，我跟女儿珍去坦桑尼亚做寄宿旅行，住在当地一户居民家中。我们去的村庄名叫布尤尼（Mbuyuni），位于阿鲁沙东侧，离乞力马扎罗山不远。

这是我第一次在当地人家中过夜。我希望这次经历能帮助我了解本地人的真实生活，那是我从书本和新闻中读不到的，甚至在旅途中与女人们坦诚交流时也很难窥见。

同时，与珍一起寄宿也让我非常兴奋，她那年十七岁，正读高三。在孩子们还很小的时候，我就想带他们见识世界，不仅希望他们能回馈旅途中见到的人们，更希望他们能真正与对方产生联结。我想，人生最重要的意义，就在于与他人产生联结。

在此之前，我已经跟儿子罗里做过一次寄宿旅行，那是在马拉维，我们跟可爱的克莉丝（Chrissy）和格瓦纳尼（Gawanani）夫妇，还有他们可爱的孩子共度了几天。格瓦纳尼教罗里给晚上要吃的公鸡拔毛，带他看自家的牲口，还说："那边那头猪就是我儿子的学费。"这次经历让罗里看到，在不同的文化中，父母为子女储备教育基金的方式不尽相同，但他们都有一个共同的出发点，就是希望孩子的未来前途光明。

我们最小的女儿菲比在东非的学校和医院当过志愿者，而且她有志从事的工作也需要她在非洲生活很长一段时间。我希望这些行路阅人的经历能影响孩子们日后的志向，除此之外，我更希望这些经历能塑造他们自身。我想让他们看到人类有着共同的追求，每个人都向往幸福的生活，希望自己发挥潜能、帮助他人，付出爱也收获爱。没有人天生优于他人，没有人能凌驾于他人的幸福与尊严之上。

我与珍的坦桑尼亚之旅清晰地印证了这一点。我们住在马赛族夫妇安娜（Anna）和萨纳雷（Sanare）家中，他们家是个小小的院子，其中的建筑都是他们逐年建造的。我们被安排在一间棚屋里，它最早是羊圈，安娜和萨纳雷结婚后把它改成了卧房。后来他们修了更大的房子，就换了个房间，又把这里还给了羊群。不过我和珍住进来时，羊群被暂时赶出去了。（至少在我们关门时是这样的！）那次寄宿带给我的收获，比我代表基金会做的所有旅行都多。我印象最深的，就是看到一个女人为了维持家庭和农场运转，需要承受多少负担。

萨纳雷每天早上出门，沿大路走一个小时去看守他家那个小小的杂货铺。他一般选择步行，不过有时也能顺便搭邻居的摩托车。安娜则留在家里照管家务和农田，珍和我会帮她干点家务和农活儿。

我早在基金会成立之初就开始访问贫困国家，对女性包揽做饭、打扫和照护等家务的现象早已司空见惯。但我从未真正体会过她们每日的辛劳，也不知道她们每天都在做些什么，为什么必须天不亮就起床，深夜才能歇息。

珍和我跟安娜去劈柴，把柴火放在粗糙的树桩上，用钝砍刀劈。我们步行三十分钟去取水，然后把水桶顶在头上运回来。我们用木柴生火，烧水泡茶，紧接着就开始准备食物——拾鸡蛋、拣豆子、削马铃薯——再用柴火煮饭。晚上全家人一起吃饭，然后我们去帮女人们洗碗，那时已是晚上十点，所有女人都在房子中央那块尘土飞扬的空场上干活儿。安娜那天劳动了十七个小时，工作时间之长、工作强度之大令我咋舌。这不是我从书本上学到的知识，而是我自己的亲身体会。我能看出安娜与萨纳雷感情和睦，也努力维持婚姻中的平等。但安娜和村里的妇女们依然被大量的无偿劳动压得喘不过气来，而这些劳动在男女间分工严重不均。这不仅影响了女性的生活，更剥夺了她们的未来。

跟安娜一起在厨房里生火煮饭时，我开始和她聊天，问她有时间的话打算做些什么。她说她梦想自己创业，培育新的鸡种，再把鸡蛋卖到一个半小时车程外的阿鲁沙去。那份收入足以改变他们的生活，但她只能想想而已。安娜没时间做生意，家人的生活起居占据了她所有的时间。

我也找机会跟萨纳雷聊了聊。他告诉我安娜很担心他们的女儿格蕾丝，那孩子没考上政府资助的中学。格蕾丝还能再考一次，再过不了，她就只能去上私立寄宿学校了，而那会非常昂贵。萨纳雷和安娜要是拿不出这笔钱，格蕾丝就会失去改善生活的机会。

“我怕女儿将来像我妻子一样辛苦，”他告诉我，“格蕾丝要是不能上学，就会待在家里，整天跟一群不上学的女孩泡在一起。然后那些女孩会一个个被家里人嫁出去，格蕾丝对生活的期望会化为泡影。”

格蕾丝的情况对萨纳雷和安娜而言尤为棘手，因为他们的儿子彭达通过了考试，上了公立学校，那里虽然也收取学费，但相对便宜。所以他肯定可以继续学业，而格蕾丝前途未卜。

彭达和格蕾丝是双胞胎，在学校同级。两个孩子都很聪明，但格蕾丝在家里干的活儿比彭达多。格蕾丝做家务的时候，彭达却有时间在学习。

一天夜里，珍戴着头灯走出我们的棚屋，碰巧遇见格蕾丝。那女孩问她：“你走之后能把头灯留给我吗？这样我做完家务就能在夜里学习了。”

格蕾丝刚满十三岁，是个十分腼腆的女孩。可她鼓起勇气让珍把头灯送给自己，这足以反映学习对她多么重要。

世界上像格蕾丝这样的女孩不计其数，她们将来是能过上光明的幸福生活，还是终日做饭打扫、根本无暇学习成长，这完全取决于她们承担了多少额外的无偿劳动。

从坦桑尼亚回来，我意识到无偿劳动不仅是性别偏见的结果，它还是一个关键变量，改变它，就能提升女性的力量。我还想了解更多。

| 先驱者们

在很长一段时间里，经济学家并不认为无偿劳动属于工作范畴，也不承认存在种种偏见，譬如将特定工作贬为“女人家干的活儿”，贬低无偿劳动价值，导致男女承担的无偿劳动严重不均。长期以来，经济学家在评估家庭农场生产效率时只计算参与务农者的工作时间，却不计算女性为农民们煮饭、打扫、提供照顾的时间，尽管她们的劳动保证了农民的生产效率。无偿劳动甚至在严肃的学术研究中都得不到体现，研究者不是没意识到它的存在，就是无视它的重要性，认为目前的分工天经地义——无偿劳动就像生育一样，理应由女性承担。

随着越来越多的女性开始参与生产活动，经济学家对无偿劳动的忽视越发匪夷所思。女性必须在外完成一天的工作。在有偿劳动结束后，她还得回家给孩子辅导功课、为客厅吸尘、为家人洗衣做饭、哄孩子睡，这一小时又一小时的工作却完全无人在意，也得不到承认。

一位名叫玛丽莲·沃林（Marilyn Waring）的经济学家注意到其中根深蒂固的偏见，开始寻求改变。她于 1975 年当选新西兰国会议员，当时年仅二十三岁。她理解劳动妇女的疾苦，也体会过被权力在握的男性无视的滋味。当她开始搜集与女性从事无偿劳动相关的资料时，却一无所获。她求助于一位男性经济学家，对方告诉她："噢，玛丽莲，这方面还没有什么重要著作。这事你有发言权，你来写吧。"

于是，沃林为研究无偿劳动走遍了世界。据她计算，如果有人按市场价格雇用工人完成女性承担的全部无偿劳动，它将构成全球最大的经济部门。经济学家却不承认它属于工作范畴。

沃林这样设想：雇人看孩子需要付钱，点火做饭得付燃气费，买粮食要给谷物加工厂付钱，用自来水得付水费，去餐馆得付饭钱，洗衣得给洗衣店付钱。女性把这些全都承担下来——看孩子、劈柴、磨面粉、取水、做饭、洗衣——却得不到一分钱报酬。人们甚至将它忽略不计，认为这些只是"家务"，理当"免费"。

沃林 1988 年出版了《计算女性劳动：全新的女权主义经济学》(*If Women Counted : A New Feminist Economics*) 一书。对此，美国经济学家朱莉·尼尔森（Julie Nelson）评价道："玛丽莲·沃林的研究唤醒了世界。"

1985 年，联合国曾通过了一项决议，要求各国必须在 2000 年之前开始计算女性承担的无偿劳动。沃林的书出版后，联合国将最后期限提前至 1995 年。

1991 年，美国一位女性国会议员提出议案，要求美国劳工统计局在居民时间分配调查问卷中计入家务、育儿和其他无偿劳动。

议案未获通过（当时，女性在国会议员中仅占 6%）。1993 年和 1995 年，议案被两次重提，又被两次否决。

沃林写道："男性是不会轻易放弃这种机制的，因为它能让全世界一半的人口无偿工作"，尤其是当他们看到"正因为收入如此微薄，那一半人口才没有精力再去争取什么"。

到了 2003 年，美国劳工统计局终于将家务及育儿纳入了全国公民时间分配问卷。调查结果显示，男性有更多时间进行游戏、健身等休闲活动，女性不但承担了更多无偿劳动，而且从事有偿工作的时间也更长。

面对这个问题，一些人开始着手改变现状。在沃林的著作出版后，经济学家戴安·埃尔森（Diane Elson）为缩小男女无偿劳动差距制定了一个三步走的策略，她称之为"3R 策略"：承认（recognize）、减少（reduce）、重新分配（redistribute）。

埃尔森认为，首先，我们应该承认无偿劳动的存在，所以我们应该敦促政府将女性用于无偿劳动的时间纳入统计范畴。其次，我们可以利用科学技术减少无偿劳动耗时，譬如使用烹饪炉、洗衣机或经过改进的吸奶器等。最后，我们可以重新分配那些不可避免的家务劳动，促使男女分工更加均等。

在思考无偿劳动的过程中，我开始重新审视自己家中的情况。我必须承认，在抚养孩子、操持家务方面，我一直拥有得力的帮手。我们并没有像别的夫妇那样，必须在家庭与事业之间艰难权衡、痛苦挣扎。我不能代表他们，也绝不会以己度人。不过在我的家庭生活中，也的确存在一些分工不均的无偿劳动——我想到了！那就是大量的育儿工作：送孩子们上学，带他们看医生、做运动、上戏剧课，为孩子们辅导功课，跟他们一起吃饭，在重要的日子里代表全家向朋友们祝贺，譬如生日、婚礼、毕业典礼等等。这些会花去我很多时间。我好几次筋疲力尽地找到比尔，对他说："帮帮我！"

2001 年秋天，珍开始上幼儿园，我们找到一所理想的学校，但那里离我家足有三四十分钟车程，还得跨过一座大桥，这就表示我每天必须在家和学校之间往返两次。我跟比尔抱怨路上时间太长，他听了说："我可以帮你啊。"我说："真的吗？你愿意接送孩子？"他说："当然，这样我就能多和珍说说话了。"

就这样，比尔开始送女儿上幼儿园。他会从家出发，把珍送到幼儿园再折返，经过我们街区去微软上班。他每周送孩子两次。差不多三周后，我送孩子上学时发现有很多爸爸来送孩子。我问一位妈妈："嘿，这是什么情况？怎么这么多爸爸来送孩子？"她说："看见比尔来送孩子，我们就回家告诉丈夫：'比尔·盖茨都有工夫送孩子上幼儿园，你肯定也可以。'"

几年后，一天吃完晚餐，我照例最后一个离开厨房，留在里面洗全家五口的碗盘。洗着洗着，我突然大发雷霆，宣布："谁也不准比妈妈先离开厨房！"母亲的身份，并不代表我必须在所有人走后独自留在厨房洗碗。比尔十分支持我的观点——尽管我只能把他最擅长的洗碗工作交给他，因为这活儿没人比他干得漂亮。

写到这里，有些读者恐怕会想：噢，不会吧，这个养尊处优的女人光是独自留在厨房里就受不了啦。可她又不用每天早上天不亮就起床，她的孩子们也不用坐公交车上学，育儿嫂都那么可靠，老公还愿意送孩子和洗碗。我明白，我明白，我分享自己的生活并不是为了抱怨负担太重，而是想表明这让我更能理解无偿劳动问题。

每个家庭都有自己的对策，在照顾子女、操持家务时，每位家庭成员都需要帮忙。因此，在2018年夏天，我与基金会资助的研究者碰头，请他们走访位于美国各州的十个社区，调查当地家庭如何分担照护责任，譬如他们会使用哪些省时省力的工具，如何分配照护职责，公共政策对他们有哪些帮助，收入如何影响他们的照护方式。

研究者们谈论这项研究的方式令我深受触动。相互照顾是人类的天性——照顾子女、护理年迈的父母理应是一种爱的表达。照顾家人能为我们带来人生中最珍贵的回忆。如果每个人都认为这些工作理所当然应该由女性承担，那幸福就会变成负担，本该由家人共同分担的工作也就成了一种排斥手段。通过这项调研，我希望能全面展现美国家庭内部的权衡与妥协。是什么让一些人为育儿和家务放弃了收入？为什么有人选择在家工作，有人选择走出家庭？这些决定体现了怎样的性别偏见？研究这些问题能帮助我们制定公共政策、诉诸市场手段，帮助人们更好地应对家庭照护问题——让每个人都有更多机会追求人生的价值。

揭露深藏的偏见

看不到隐含的性别偏见，我们就无法解决无偿劳动问题。对许多人而言，看见性别偏见是一种震撼的经历，能让他们骤然意识到自身的盲点——无论他们生活在世界上哪个角落。

前些年，我在马拉维农村地区见证了一场两性对话，活动由一家当地机构发起，旨在揭露深藏的性别偏见。我记得自己与一群男女围坐在农田边的一棵大树下，一个叫伊斯特尔（Ester）的农家妇女在我们面前支起一块硕大的演示板，往白纸上画了个时钟。她请在座的男性给她讲讲他们每日的作息，他们就告诉她自己每天大概花多少时间下地、睡觉、吃饭、休息。

接着，伊斯特尔又向女性提出同样的问题。她们的日程全都排得满满当当，每天起床就得捡柴、挑水、做饭、带孩子，等到下地时，她们其实已经完成了一份全职工作。这些杂务挤占了她们下地干活儿的时间，而地里的农作物关系到他们一家的生计。

许多男人听了都笑着打趣，但在某种程度上，这是因为他们意识到一个尴尬的事实：妻子干活儿比自己更卖力。看得出，男人们都有些惊讶，纷纷表示他们从没想过妻子每天竟如此忙碌。

那天我还旁听了另一场培训，它要求男人和女人模拟典型的晚餐情景。根据马拉维的传统，男人不跟大家一起吃饭，而是第一个单独就餐，可以优先挑选食物。他们吃完之后，妻儿才能捡剩下的吃。于是，一组志愿者为学员们表演了这样一个场景——

一个男人在桌上狼吞虎咽，他饥饿的妻儿只能在一旁眼巴巴地看着。随后，另一组志愿者表演了一个截然不同的场景：一家人围坐在桌前共进晚餐，每个人都能分到食物。

他们做的第三个练习也是我最喜欢的，叫作“人对物”。在这个练习中，妻子和丈夫必须互换位置。女人可以使唤男人，让他去做平时由她承担的工作。他必须了解她的工作量，体会被人使唤的滋味。一些村民几个月前就与配偶做过这个练习，他们告诉我，这彻底改变了他们的婚姻。

练习结束后，我向一些完成培训的男性询问这些练习对他们有什么影响。一个男人说他从前会对妻子隐瞒大部分收入，这样她就不能要求他把更多的钱花在家人身上。另一个人说他以前总是逼妻子去干那些“女人家干的活儿”。他说：“起初‘性别’这个词对我根本没有任何意义。我老婆给我解释过，但我想不出男人怎么能干女人的活儿，女人又怎么能做男人的事。”

性别角色互换练习改变了这一切。男人们纷纷表示自己现在会承担家务，凡事都跟妻子一起决定。一个男人告诉我，他喜欢听妻子质疑他的决定，因为“她说得挺有道理”。

我问男人们妻子有了发言权之后，他们是不是很难独揽经济大权了。他们承认的确如此，但这很值得，因为，正像其中一个人说的：“现在我们会为两个人打算。”

马拉维的两性对话令我振奋，因为它的成功，意味着即使在传统观念根深蒂固的社会，我们依然可以扭转性别偏见。性别偏见常常是无意识的。我们应该去揭露它，看看会发生什么。我们应该开始分析数据、计算时间、分担劳动、相互合作，看看消除男女天生分工不同这个伪概念能为生活带来怎样的改观。

加里·巴克（Gary Barker）领导的男性关怀组织（MenCare）呼吁全球男性分担家中的照护工作，并用数据证明男性为什么应该这样做。分担照护工作的男性生活更幸福，家庭关系更和睦，子女也更快乐。如果父亲能承担 40% 以上的育儿工作，他罹患抑郁症和滥用药物的风险都会显著降低，他的孩子也会更优秀，更自信，更少出现行为习惯问题。男性关怀组织还表示，全职父亲与全职母亲的脑激素波动处在同一水平，也就是说，女性天生更适合育儿的观念不见得正确。

平衡分工即平衡婚姻

毫无疑问，女性天生擅长照料他人、操持家务，但男性也一样擅长这些。如果这些职责全由女性包揽，男性就无法锻炼这方面的能力，女性也无法拓展其他能力。如果男性能更多地承担照护工作，优秀的护理者将会倍增，这能增进男性与子女的感情，带来欢乐而融洽的亲子关系，让人受益终身。同时，分工合作也让男性和女性都能发展更多技能。更重要的是，这种转变还将弱化男性的支配地位，从而增进伴侣关系。将某些工作定义为“女人家干的活儿”，认定男性不该分担，就等于助长虚妄的性别等级观念，阻碍男性与女性有效地共同协作。打破这种观念对男性大有裨益，因为这能让他们看到协作的力量，帮助他们挖掘内心的关爱。

《心路历程》（*Journey of the Heart*）是一本剖析两性关系的精彩著作。约翰 · 韦尔伍德（John Welwood）在书中指出，伴侣关系中存在一种他称为“自然平衡”的机制。他写道：“被一方忽视的事物，总会得到另一方的加倍重视。如果我不愿承认自身具备某些特质，如强硬、软弱、嬉皮笑脸等，我的伴侣就会迫切地想加强自身的这些特质。”

在这种动态平衡下，伴侣中的一方会忽略双方都很在意的事，因为对方自会替两个人搞定一切。举个简单的例子，某人喜欢参加社交活动，却从不参与筹办，他知道伴侣会比他更上心，即使自己放手不管，对方也会做好安排。

把两个人同样在乎的事完全托付给其中一方，往往会让伴侣疏远。把养育子女或养家糊口的责任完全交给对方，就等于削弱自己的力量——这会导致一方与孩子感情疏远，不过这种做法最大的代价，或许是伴侣双方渐行渐远。

其实我们还有更好的选择。面对一项任务，与其一人栽树、一人乘凉，不如共同分担。我们并不追求时间上的绝对均等，而是希望两个人都看到家庭的需要，为满足它而共同努力。我们不再“各司其职”，而是共同承担。

如果严格划分每项任务，你就是在减少自己的付出，你们的感情也会受到伤害。相反，你可以试着不同程度地参与每一件事。这会让你拥有一段圆满而互补的关系，两个人的地位完全在才能与经验的基础上自然形成，双方能够相互学习，相互引领，相互追随，最终合二为一。

当然，放弃“各司其职”，也就意味着你们或许会花更多时间沟通，但那是成长的必经之路。诚如韦尔伍德所言：“是两个不同的人相互碰撞产生的热度与火花促使他们去探索全新的自我。”

在无偿劳动方面，我参阅的文献大都针对由丈夫、妻子和子女构成的传统家庭。但我们不能默认这类家庭的分工模式也适用于其他类型的家庭。我们必须警惕偏见，在收集数据时做到更加全面，从而辨别哪些是普遍现象，哪些只属于某类家庭，同时尊重不同的家庭形式——无论是同性伴侣家庭还是共同单亲家庭，无论是丁克家庭还是三代同堂的大家族。

| 平等的伴侣关系——无偿劳动隐含的主题

我之所以如此关注无偿劳动的性别失衡问题，不仅因为这是许多女性共同的负担，更因为导致性别失衡出现的原因根深蒂固，根本无法靠简单的微调解决。夫妻双方必须重新探讨这段关系。对我而言，最重要的问题莫过于：在这段关系中，你们是否彼此相爱、相互尊重、互利互惠，是否有并肩作战、彼此归属、共同成长的感觉？我们每个人或多或少都会跟自己提出这个问题，因为这是我们人生中最强烈的渴望之一。

多年前，我与好友艾米·尼尔森（Emmy Neilson）聊到生活与婚姻，向她倾诉我在家庭与工作中遇到的难题。艾米是我最好的朋友之一。她丈夫约翰·尼尔森（John Neilson）也曾是我在微软的一位挚友。她和约翰一直是我跟比尔最亲密的伙伴，直到约翰三十七岁那年不幸罹患癌症，英年早逝。在他去世后，艾米与我的亲密有增无减。那天，我向她倾吐了嫁给比尔的种种不易，譬如有时会感觉自己无足轻重，即便在我们合作完成的项目中也是如此。她听了对我说："梅琳达，你嫁的可是个如雷贯耳的男人啊。"

这句话刺痛了我，也让我始终对她心怀感激，因为它为我带来了新的视角。我一直想在比尔身边发出自己的声音，所以我的声音才常常被他的盖过。

现在，最省事的做法就是让比尔成为我俩的代言人。如果我这么做，一些重要的话或许就不会有人提起，我也不会挑战自我或质疑比尔。我渴望找到自己的声音，也向往平等的关系，这二者互为因果，缺一不可。因此，我必须开动脑筋，设法从一个惯于发号施令的男人那里得到它们。我显然不可能在每个领域都与比尔势均力敌，他也一样，可我们在感情中能平起平坐吗？况且，比尔想要这样的关系吗？这对他有什么好处呢？

在我们刚结婚时，这些问题时常困扰我。在此，我想与诸位分享几个故事和一些感悟，它们反映了比尔和我在婚姻中逐渐趋向平等的过程，归根结底，在每场针对无偿劳动的讨论中，夫妻间的力量博弈都是暗含的主题。

珍刚出生时，我在婚姻中感觉极度孤独。当时比尔是微软的首席执行官，正是最离不开公司的时候。他忙得不可开交，总有无数人找，所以我想：好吧，或许他只是嘴上说想要孩子，心里并不想要。作为夫妻，我们并没努力构建两个人共同的价值观，也没想过如何把它传给子女。因此，我总感觉什么都得独自完成。

之前，我们搬进了我在订婚后挑选的一处漂亮的房子，大小适中，适宜家庭居住。他也欣然同意。过了一年半，我们又搬进了比尔单身时就开始修建的一栋大得离谱的房子。我并不是很想搬家。实际上，我感觉自己想要的跟比尔完全不同，而且我们也没时间好好谈谈。所以在搬家的过程中，我陷入了自我怀疑。我想在这段婚姻中扮演怎样的角色？我开始审视自己，考问内心真正的追求。我不再是计算机业务负责人了，而是一位母亲，有着幼小的孩子和终日在外出差的丈夫，而且很快就要与家人搬进一栋巨大的房子，那地方根本不是我的风格，真不知道别人会怎么看我。

那就是我迈向婚姻平等的起点。在此后的二十余年间，我们有了长足的进步。我们都明确希望两个人在婚姻中势均力敌，多年来，我们也为实现这个目标采取了必要的措施。

比尔时常在采访中提到，他从小到大做任何事都愿意与人合作。事实也的确如此，但这并不代表他总能平等地对待对方。他必须学习放下身段，我也必须提升自己，成为与他势均力敌的伙伴。我们必须弄清谁更擅长什么，做到能者多劳，学会不在对方的领域指手画脚。与此同时，我们也必须学会处理两人观点相左时互不相让的问题。这是一个无法回避的问题，因为生活中的每件大事都由我俩共同决定。如果无法以尊重与倾听的态度来化解重大的分歧，那么即使最小的分歧也会被无限放大。

2002 年，在我们最小的孩子菲比出生后，我和比尔找到了一个维持婚姻平等的有效方法。当时我正从事基金会的幕后工作，也满足于此。比尔较少接触基金会的日常运营——毕竟他还必须全面掌管微软——每当他出现在公开场合，记者们总会提出与基金会有关的问题，所以，他自然就成了基金会的代言人，媒体也开始称之为“比尔的基金会”。这不是事实，也不符合我们的设想，不过人们之所以这样认为，是因为比尔总代表基金会公开发言，而我不会。经过讨论，比尔和我一致认定我应该走到台前，以联合创始人兼联合主席的身份出现，因为我们想让大家知道基金会的决策由我们共同制定，工作也由我们共同承担。这个决定让我们逐步成为平等的伙伴。

此外，在基金会成立之初，比尔和我还做出了一个决定，它不仅巩固了我们的关系，更让我们至今都受益匪浅。我们开始为基金会招兵买马时，有人说：“瞧，梅琳达更偏重教育、图书馆和西北太平洋沿岸的工作，比尔对全球卫生保健更感兴趣，所以他们干吗不明确分工呢？比尔可以负责全球卫生保健，而教育和国内项目就交给梅琳达。”

我俩也讨论过这个选项，最后一致认为这不是我们想要的。现在看来，那种做法无疑会让我们蒙受损失，因为现在我们可以分享一切，从知识到书籍，再到见闻。如果当时各司其职，那我们很可能会生活在两个毫无交集的平行世界。我们在婚姻中或许依然平起平坐，却不会成为真正的伙伴。那大概更像各自为政：我不干涉你，你也别干涉我。正是共同参与基金会各项工作的决定，促使我们成为平等的伴侣。

我一直相信婚姻也会成长和演变。或许我身边最能证明这一点的人，就是我的父亲，在我心目中，他是男性中善于经营婚姻的典范。

我父母年轻时，爸爸的一位朋友曾打电话告诉他：“你和伊莱恩（也就是我妈妈！）得找个周末去参加一次夫妻恳谈会。听我的，一定要去。把孩子交给我们。”这位朋友也是一位天主教徒，刚参加过教会资助的沟通与婚姻工作坊，还沉浸在狂喜之中。爸爸心动了，就跟妈妈商量，结果她欣然同意。她当然会同意。她虔诚地信仰婚姻，也相信静修和教会，所以自然愿意参加教会赞助的婚姻静修活动。多年来，妈妈比任何人都更深刻地塑造和启迪了我的灵性生活。她一周做五次弥撒，热爱阅读，喜欢静修，总是以热情、开放、好奇的态度探索信仰，还时常鼓励我也这么做。她会答应跟爸爸去参加这场婚姻静修，我并不意外。我惊讶的是，爸爸竟然也想跟妈妈一起参加静修。他们离开了一个周末，回家后比过去更加亲密，宣称这是他们一起做过的最棒的事。这个故事让我知道，男人也可以给同性朋友打电话，分享改善婚姻的方法，也就是说，男性也能成为婚姻的保卫者与支持者。

因此，我许下婚姻的誓言时，期望比尔能守护我们的婚姻，我非常幸运，所以在经营婚姻方面，比尔也有他父亲这个杰出的榜样。认识老比尔的人都知道，他一向坚定地相信男女平等，前几年，我们又找到了更多的证据。当时，老比尔正参与一个口述历史项目，历史学家找到一份他撰写的学术论文，是他复员回到大学校园之后写的。论文写于 1946 年 12 月 12 日，当时老比尔刚满二十一岁。他在文中写道："盖茨王国最突出的理念，就是女性与男性权利均等。进入职场与商界的女人像男人一样多，男人也对女人从事这些职业习以为常，不会大惊小怪。"

这位把我丈夫抚养成人的男士有着怎样的观念，由此可见一斑。（近年来，我总是自豪地宣称我把儿子培养成了一位女权主义者，或许，他祖父更是功不可没。）

同时，从小在强大而进取的女性身边长大，也让比尔受益良多。他家十分重视母亲的意见。他父亲的事业由他的双亲共同开创，同时，两人也共同投入了他母亲的公共服务事业。玛丽·马克斯韦尔·盖茨（Mary Maxwell Gates）曾供职于华盛顿大学校务委员会，那是她的母校，她就是在那里认识了那位日后成为她丈夫的大学生。早在他们还不熟络时，正在竞选学生会秘书长的玛丽就请老比尔支持自己，他却坦言自己已经答应支持别人了！（不过，他最终还是做出了正确的选择。）

玛丽是华盛顿大学校委会成员，曾代表学校处理了南非的资产。同时，作为一名女性，她还是好几家公司的董事会成员，这在当时实属罕见。她是华盛顿第一州际银行（First Interstate Bank of Washington）的首位女董事，也是国家联合劝募会（National United Way）常务委员会的首位女主席。

玛丽为联合劝募会效力多年，担任过各种职位。比尔少年时代，玛丽负责的是分配委员会，她会在晚餐桌上和比尔长时间地讨论慈善策略。她是比尔在慈善方面的启蒙老师，曾说服他在微软发起首场联合劝募活动。比尔和我结婚时，他母亲已身患癌症，生命垂危，但她依然在我的婚前派对上朗读了一封写给我的信。在结尾处，她写道："资源越多，责任越大。"她对比尔影响至深，是他崇拜的对象。

比尔小时候也曾受过祖母的照顾。他祖母上过华盛顿大学，还打过篮球，在当年这样的女性可不多见。所以，比尔家中从不缺乏强大、智慧、成功的女性，而幼时在家中形成的印象，会直接影响日后的观念。

对我而言，比尔父母送给我们的结婚礼物也充分地反映了他从小的家风。那是一尊雕塑，两只鸟儿目不转睛地直视前方，神情出奇地一致。我非常喜欢，特意把它放在家门口。在我眼中，它象征着夫妻对未来共同的期待。

所以，我想，比尔也向往平等的伴侣关系，因为他从小就对它耳濡目染。他之所以这样想还有另一个原因，那就是他求知若渴，热爱挑战。伴侣彼此挑战、相互学习，能让关系趋向平衡。我也常常告诉比尔，我无法忍受一成不变的生活。他善于将事物纳入宏大的体系，在历史、科学和体制的语境中寻求革新。而我则帮助他陶冶了性情。

2016 年，比尔在加州理工学院出席活动时，主持人问他："你还会改进自己的管理方法和协作方式吗？"比尔回答："是的，但愿如此。我妻子经常说我情绪太紧绷了。人有时会过于松懈，有时又会过于紧绷。我极少会犯过于松懈的错误。我一直在等她告诉我：'嘿，你今天对那帮人太客气了。你是怎么搞的？竟然放过那帮罪犯，他们浪费的可是咱们的钱；你应该强硬点。'这样一来，当我自我'校正'时，起码还能找到一些可优化的数据点。"

在很大程度上，平等的关系之所以吸引比尔，是因为它更有趣，更富挑战。总的来说，我想，这是因为这种关系更符合他内在的价值观。我们刚开始合作时就意识到了，这份慈善事业建立在一个前提下，那就是人人生而平等。是它为一切注入活力。看到比尔为他人的痛苦垂泪，我深切地体会到这句话的真实。那一刻，"人人生而平等"不再是一句空洞的口号，而是实实在在地代表着我们看待世界的方式。

可能许多人都没有想到，比尔也有柔软的一面，尤其是那些见过他争强好胜、杀气腾腾的人。是的，比尔的确如此，但他也具备一些截然不同的特质。他可以非常温柔宽厚，他的心地也可以非常柔软。

巨大的财富能蛊惑人心。它会扭曲你的自我认知，让你自我膨胀——尤其当你相信金钱能衡量美德时。比尔是我认识的最脚踏实地的人之一，因为他对自己的成功有着清醒的认识。

比尔工作勤奋至极，为成功甘冒风险、勇于牺牲。他一向知道成功还有另一个必备要素，那就是运气——横扫一切的运气。你在哪里出生？父母是谁？在何处成长？得到过哪些机会？这些都与我们的努力无关，而是命中注定。

比尔不仅私下向我坦承他的幸运，在公开场合也对此毫不讳言。马尔科姆·格拉德威尔（Malcolm Gladwell）问他成功有何秘诀，比尔说："我想我小时候可能比当时所有的同龄人都有更多机会接触编程，而这完全是因为一连串不可思议的运气。"

比尔的谦逊可见一斑。当然，他并不是随时都这么谦逊——我能举出许多反例，但他在成长道路上的确幸运非凡。当他回首人生，扪心自问，他发现自己并不特别。真正特别的，是他的境遇，能看到这一点的人，才能无视高低贵贱，践行平等观念，释放内心的温情。

如果说比尔选择我，是因为我热爱生活、热爱编程、热爱人类、喜欢解谜游戏和菲茨杰拉德，那我选择他则是因为我看见了他心底深藏的温柔，起初这并不明显，但在相处中，它日益清晰——看到有人认为一些人比另一些人更应该得救，比尔会愤怒不已，他就是这样一个人。自视高人一等的人，绝不会用生命去捍卫人人平等的原则。比尔本质上与那种人有着天壤之别，这也是他最吸引我的品质之一。

这是我想要的

上述这些性情及背景因素，让比尔为平等的伴侣关系做好了准备。尽管如此，若不是我把平等作为首要目标，我们也不会在这条道路上走得太远。有时，我会提出要求。有时，我不得不向他施加压力。

在此，我想与诸位分享一个时刻，我就是在那时知道，我非常想与比尔平等地掌管基金会。

2006 年，沃伦 · 巴菲特（Warren Buffett）宣布要送出一份前所未有的大礼。他承诺将向基金会捐献他的大部分资产，这足足把我们的基金总额提高了一倍，为我们在全球开辟了全新的投资机会。他的慷慨超出我们的想象，他的信任令我们惶恐。他授权我和比尔全权决定资金用途。我们期待沃伦的这份大礼能成就一番事业，与此同时，想到我们必须决定如何用他的财富拯救生命，改善人们的生活，我也倍感压力。

我们三个计划在纽约公共图书馆召开一场新闻发布会，宣布这笔捐赠。当时比尔领导着微软，沃伦在负责伯克希尔 · 哈撒韦公司（Berkshire Hathaway），我则把主要精力放在基金会上，密集地出差考察项目，不过很少公开演讲。这将是我代表基金会主持的第一场新闻发布会，我准备得十分用心，梳理了我想表达的观点，回顾了我在世界各地的见闻。我想借机感谢沃伦，也为涉及资金用途的问题准备了巧妙的回答。

发布会上，比尔、沃伦和我深入解答了许多问题。在被记者问到我们打算如何拓展基金会的工作时，我对答如流，说我们将用这笔资金提高农作物产量，发展小微信贷，抑制传染疾病。当记者们进一步追问投资细节时，我也应对自如，与他们分享了我在旅途中总结的经验。

这是我事业的转折点。说实话，在与比尔和沃伦一起公开谈论基金会的工作之前，我从没意识到自己是如此热爱这项事业。当时一切再明显不过，我必须与比尔成为平等的合作伙伴。这不仅是我和比尔的需要，也是基金会的需要。也就是在这时，我意识到这正是我想要的。我从没把这份礼物对我的意义告诉沃伦，其实我早该这么做。他是一位无与伦比的导师，他的馈赠戏剧性地加速了我的成长。

那场新闻发布会对比尔也起到了类似的作用，他也清晰地意识到我们必须平等地合作，我应该更多地出现在公众面前。当然，这也意味着我需要他的指点，作为公众人物，他在这方面有丰富的经验。他完全可以摆出居高临下的姿态，但他从没这么做，而是始终支持我、鼓励我。坦白地说，我怀疑比尔其实非常担心发布会结束后我会情绪不佳——因为多年前，我在刚开始代表基金会发言时曾向他提过非常过分的要求。

当时有一场演讲让我特别紧张。比尔和我同时受邀在西雅图会议中心发言。在那个阶段，我还不习惯公开谈论我们的工作，尤其是当着比尔的面。因此我对他说："听着，我想做这场演讲，不过我特别紧张，不希望你在场，所以我需要你讲完话就离开。"

现在回想起来，我不禁哑然失笑，不过这件事千真万确。只有我最清楚自己的需求！那天，比尔讲完话就悄然离场，开着车在附近绕了十五分钟才回到会场，接上我一起回家。他没有因为被我支走而让我难堪。后来我也再没提过这种要求，不过有时，我会告诉他："听好，无论我讲得有多糟糕，我都希望你一脸崇拜地听完每一个字。"在他面前我从不掩饰自己的脆弱，他也从不嘲笑我，或在我惶恐不安时占我便宜。比尔从不认为我起初力不从心是因为能力不足。他能看到我的成长，而且在我需要支持时，他几乎从不缺席。

有一次，向他求助已经不足以解决我的问题，我不得不向他施压。

几年前，比尔和我跟吉米和罗莎琳·卡特夫妇（Jimmy and Rosalynn Carter）在他们位于佐治亚州普莱恩市的家中共度了一个下午。几天后，比尔和我开始度假，我俩都在海滩上看书，他读的是吉米那本《此生无悔：九十岁回忆录》（*A Full Life : Reflections at Ninety*）。读着读着，他突然笑了起来，我问："你笑什么？"比尔回答："你想知道过去二十年里他俩吵得最凶的一次是因为什么吗？"我连忙说："当然！"我会如此好奇，是因为他们的婚姻已经持续了七十年，我想知道他们的秘诀。比尔说："他俩吵得最凶的一次，是因为要合写一本书。"

我一听顿时仰面大笑，然后说："那我就感觉好多了！"我跟比尔第一次合写基金会的年信时，我们都以为自己会把对方杀了。我当时觉得："好吧，这段婚姻或许就要这么结束了。"

那是2012年秋天，比尔刚开始撰写基金会当年的年信，准备在2013年年初发布。五年前，比尔开始以年信的形式总结基金会上年的工作。沃伦曾鼓励我们共同执笔，但当时三个孩子都太小，我总觉得抽不出时间。2007年，我们最小的女儿菲比开始上学，罗里八岁，珍十一岁。我终日忙于基金会的其他工作，就没跟比尔一起撰写第一年，以及随后几年的年信。他没提，我也没在意。到了2012年，我开始更积极地参与基金会事务，无论是在台前还是幕后。这年恰逢伦敦自主计划生育峰会召开，我们启动了一项旨在为全球1.2亿女性带去避孕药具的计划。因此，比尔开始规划年信的要点时，自主计划生育问题自然也在其列。

我对这个话题有强烈的主人翁意识，比尔知道这点，也全力支持。尽管我们说好不进行职责划分，两个人都可以参与所有项目，但由于我们知识结构不同，兴趣爱好各异，所以还是有各自的偏重。当时，我们都同意自主计划生育由我主导。所以，既然比尔准备在年信中谈论它，那我俩合写岂不更好？或者，这部分为什么不能由我执笔呢？

不可否认，年信已经成为比尔的领域，但信是通过基金会的渠道、以基金会的名义发布的，收件人都是基金会的合作伙伴，讲述的也是基金会的工作，所以我有充分的理由与他合写。但他也提出了种种顾虑，我最后不得不问自己：“我有必要小题大做吗？”

最终，我还是决定把问题摆上台面。我不知道这样做会有什么结果，甚至不知道自己能提出什么建议，但这件事总让我感觉如鲠在喉，不吐不快。于是我跟比尔坐下来，准备好好谈谈。

我说站在他的角度，我能理解他的做法，然后列出所有促使他认为年信应由他执笔的原因。同时我也指出，他想写的内容很多都是我们共同得出的结论，是基金会不断试错的结果和合作伙伴成功实践的经验。随后，我谈到一个更敏感的问题。我说有些话题由我来介绍，可能会引起更强烈的反响，这种时候我就应该发言，无论是一起还是单独。这能提高我的声量，促进我们之间的伙伴关系，推进我们的目标。

这些就是我的论点。（或许当时我并不像自己写的这么冷静！）比尔却认为，几年来年信机制在基金会运转良好，他看不出为什么要改变。我们争执得越来越激烈，两个人都非常生气。这对我们是一次巨大的考验——考验的不是如何达成一致，而是如何面对分歧。这花了我们很长时间，在那之前，我们都对彼此心怀芥蒂。

最终，比尔请我写一段关于避孕措施的内容放在信里。2013年那封信的题目是《来自比尔·盖茨的2013年年信》（*2013 Annual*

Letter from Bill Gates），信中收录了我的一篇文章，内容是我的尼日尔与塞内加尔之行，还有伦敦峰会。

第二年，公开信的题目变成了《2014 盖茨年信》（*2014 Gates Annual Letter*），主题是“阻碍穷人进步的三大难题”，比尔写了其中两大难题，我写了一个。

第三年的公开信题为《2015 盖茨年信：为未来下注——比尔与梅琳达·盖茨》（*2015 Gates Annual Letter—Our Big Bet for the Future—Bill and Melinda Gates*）。

这标志着年信彻底从比尔一个人的工作变成了我俩共同的工作。

为了向平等迈进，我们做过许多努力，年信无疑是其中最有分量的。要说哪个例子最能证明比尔由衷地支持平等关系，还要数几年前的一件事。那次，我们的一位挚友问我在家中是不是扮演《时空特警》[1] 的角色。我说是的，我就是时空特警。多年来，我一直设法确保家中的一切都井井有条，孩子们能及时穿好衣服，做完作业，准时出现在该出现的地方。一开始，这些都由我一个人负责，但情况正在悄然变化。孩子们开始替我分忧，比尔也是。因此，我请这位朋友也向比尔提出同一个问题，看看他会怎么说。他的回答比我委婉，也更机智。

---

1 出自 1994 年的一部美国科幻电影。为防止有人利用时空穿梭机改变历史，成立了一支名为“时空特警”（time cop）的队伍。——编者注

他说："我们尽量不让谁充当别人的时空特警。当然，我们也会讨论日程安排，但绝不会出现一人高高挂起、一人疲于奔命的情况，我们只会齐心协力，共同应对挑战。"

这句话无疑是我从比尔口中听到的对平等关系的最大肯定。我们努力为彼此分忧，尤其愿意分担那些相对困难的工作，不会把脏活儿、累活儿推到一个人身上。不平等关系的一大标志，就是一方包揽所有重要、有趣的工作，强迫另一方承担那些没有技术含量的琐事。这正是不平等存在的目的。因此，分担脏活儿、累活儿，就是对等级制度有力的回击。如果掌握权力的人无法强迫他人去做己所不欲的事，那么等级制度的存在还有什么意义？它难道不正是一些人逃避责任的手段吗？

有时，一些朋友见比尔在微软身居高位，就想当然地以为我们会遵循传统的性别分工。这种想法令我十分惊讶。实际上，我们努力消除一切失衡，只承认那种根据才能、兴趣和经验自然形成的并非一成不变的高下。我们在婚姻中是平等的伴侣，在基金会是平等的伙伴。我们一致认定，无论将来我们在生活中的角色如何改变，这种关系都不受影响。

我为什么要现身说法

对我而言，这是书中最私人的一章，我也写得十分痛苦。我一向注重隐私，所以有些事我宁愿埋在心里，也不愿写出来供人评头论足。有时我会写下一些内容，打印重读之后又感觉触目惊心。尽管如此，我依然没做任何删减，原因有二。首先，我认为女性要争取平等的权利，不能单靠一对对夫妇在婚姻中的努力，而应该从改变大环境入手。分享自己的故事能推动这种转变，所以我才愿意现身说法。其次，我之所以这样做，是因为我绝不能一面在全世界解决各种问题，一面假装自己生活中的问题早已迎刃而解，这太虚伪了。我必须诚实地面对自己的不足，否则就会飘飘然，以为自己生来只是为了解决别人的问题。

在这方面，好友基利安是我的榜样。我之前提到过她。她创建的康复咖啡馆专为无家可归者和精神疾病患者服务，在那里，每个人都致力于建立一种彼此愉悦的关系。无论是员工、志愿者还是会员，每个人都加入了一个小组，练习如何深入地相互理解、相亲相爱。

基利安说："被不爱我们的人了解令人不寒而栗。被不了解我们的人爱无法带来改变。但被人深刻地了解与热爱，能让我们脱胎换骨。"

在她的著作《沉入深爱》(*Descent into Love*)一书中，基利安也写到了这一点。既想帮助他人又想保持安全距离并不是真正的帮助，也无法将我们治愈。我们必须向人们敞开心扉，摒弃那种隔岸观火、高高在上的态度。唯有如此，我们才能真正帮助他人。在服务他人的过程中提升自己，是一种内外兼修——这个过程兼具改变世界和改变自己的双重努力。

基利安的思考启发了我。我意识到在支持女性的同时，内心的修行也是一门重要的功课，我必须直面自己的恐惧与不足。她让我看到，要在全世界提倡性别平等，我必须首先在自己的婚姻中实现它。

我从不认为女性比男性优越，也不认为女性只有比男性掌握更多权力才能改善现状。我认为男性的支配贻害社会是因为任何压倒性的优势都是有害的：它意味着社会在虚妄的等级之上运转，权力与机会按性别、年龄、财富和特权，而不是技能、努力、天赋和成就来分配。打破那种允许一方占据绝对优势的文化，能增强每个人的力量。所以，我们的终极目标不是让女性崛起、男性没落，而是男女共同进步，成为平等的伙伴，不再为控制权你争我夺。

那么，既然我的目标是男女平等，那我为什么总是强调女性和女性赋权呢？我的答案是，因为我们女性必须从彼此身上汲取力量，而且在实现平等之前，我们往往不得不费力让自己相信那是我们与生俱来的权利。

我们不能单纯指望男性主动让渡权力。如果存在这种可能，那世界早已改变。占据支配地位的男性不会说："来吧，我们是平等的，我把权力分一些给你。"但他们或许会回应转变了观念的同性，或主张权利的女性。当男性看到女性力量的提升能让每个人受益，改变也就由此拉开了序幕。她们不但能与男性互补，还能提升关系的品质，为它注入平等伙伴关系所独有的特质，譬如亲密感、归属感、社群意识、团结意识，还有那种互帮互助、和衷共济的感觉，这些都是不平等关系所不具备的。它们能带给人莫大的满足，那种团结友爱是单打独斗者无法体会的。这种感受能让不平等的关系趋向平等，而它就来自那些敢于主张自身权利的女性。因此，我们女性必须彼此鼓舞，不为取代男性、登上权力之巅，只为与男性共同努力，让不平等就此终结。

06

第六章

被噤声的女孩

童婚

平等婚姻的反面，就是童婚。平等婚姻中的每种促进作用，在童婚中都会变成伤害。童婚的力量对比是如此悬殊，虐待几乎无可避免。

进入包办婚姻后，女孩会离开家人、朋友和课堂，永远失去上升的机会。即使只有十岁、十一岁，她们也必须承担家务——做饭、打扫、下地、喂牲口、捡柴、取水，而且很快，她们就不得不担负起生儿育女的重任。干活儿、孕育和分娩的负担，会给童养媳带来可怕的后果。

将近二十年前，我做过一次旅行，去探访世界上最贫困的地区。我乘车来到印度的一个火车站，却不是为了赶火车，而是去见一位校长。这听上去或许有些匪夷所思，其实那所学校就在这里——在火车站里的月台上。它就叫月台学校，因为月台就是孩子们上课的地方。

印度有许多孩子生活在火车站及周边，大都是不堪虐待、离家出走的孩子，他们都贫穷至极，靠拾饮料瓶、捡硬币和小偷小摸过活。开办月台学校的初衷，是让这些孩子得到教育。这所学校的负责人还设立了一些庇护所，同时尽可能地想办法让他们回家，还给生病的孩子提供医疗救助。长期以来，人们有种迷思，仿佛穷人必然与足智多谋、善于创新、精力充沛无关。（很可惜，现在依然有人这样想。）对我而言，这些每天仅靠极少的金钱与食物度日的孩子有力地驳斥了这种谬论。这些孩子和他们的老师，堪称我见过的最有创造力的人。

我一下车，校长就迎上前来，她的神情令我暗暗吃惊。她神经紧绷，说话尖声细气，语速极快。她一定是看出了我的惊讶，就对我说："抱歉我这么激动。我平时不是这样。我刚刚救回一个女孩，她家里人差点把她卖进妓院。"

那天早上她接到一个男人的电话，说他听见隔壁有女孩在尖叫。孩子被打得遍体鳞伤，但打人的不是她父亲，而是她的丈夫。她是个童养媳，被家人通过包办婚姻的形式送给了丈夫。打电话的人后来又听见她丈夫威胁要卖掉她，这才拨通了电话。校长刚把女孩接到学校。

我问校长，那女孩的丈夫为什么要打她。校长解释说，女孩家人按对方要求出了嫁妆，但男方家人嫌少，回去讨要。见女方什么也拿不出来，男方家人大发雷霆，开始殴打这个媳妇。"这种事太多了。"校长说。

这是我有生以来第一次见证童婚带来的伤痛与悲剧。

童婚带给女孩、家庭和社群的危害，很难用几句话概括。请允许我试着描绘它的危险。平等的婚姻关系能增进健康，促进人的发展与成就，带来尊重，让夫妻双方得到提升。而平等婚姻的反面，就是童婚。平等婚姻中的每种促进作用，在童婚中都会变成伤害。童婚的力量对比是如此悬殊，虐待几乎无可避免。在印度，一些家庭嫁女儿时依然得向男方支付嫁妆（尽管嫁妆已属非法），因此，女孩越是年幼、教育程度越低，家人需要支付的嫁妆就越少。在这种情形下，婚姻市场的规则十分明确：女孩越是弱势，婆家就越愿意娶她进门。他们不喜欢那种会表达、有技能、有主见的女孩。他们要的，是一个逆来顺受、毫无反抗能力的用人。

进入包办婚姻后，女孩会离开家人、朋友和课堂，永远失去上升的机会。即使只有十岁、十一岁，她们也必须承担家务——做饭、打扫、下地、喂牲口、捡柴、取水，而且很快，她们就不得不担负起生儿育女的重任。干活儿、孕育和分娩的负担，会给童养媳带来可怕的后果。

初次接触童婚多年后，我来到尼日尔的一所瘘病医院，见到了一个名叫法蒂（Fati）的十六岁女孩。法蒂十三岁就出嫁，随后很快怀孕。她的分娩过程漫长而艰难——即使她已经疼得难以忍受，急需专业护理，村里的女人也只知道让她用力用力再用力。分娩第三天，她被亲属用驴子驮着送进了最近的诊所，孩子死了，她得知自己得了生殖道瘘。

生殖道瘘一般出现在漫长而不畅的分娩过程中，诱因通常是婴儿体积太大或产妇身材太小，无法顺畅分娩。婴儿的头部挤压母体组织，阻碍血液供应，在阴道与膀胱或直肠之间造成穿孔。这可能引起大小便失禁，粪便经阴道排出。患病女孩的丈夫时常因为无法忍受她们身上的异味和伤痕而将妻子赶出家门。

预防生殖道瘘最有效的手段，是推迟首次怀孕的时间，并由专业助产士陪产。法蒂的情况正好相反。经历了包办婚姻、被迫怀孕之后，她又因为患病被丈夫扫地出门，尽管这根本不是她的错。她在父亲家住了两年才有机会来医院修复生殖道瘘。我在医院跟她谈了谈，问她对未来有什么期望。她说她最希望的就是尽快痊愈，早日回到丈夫身边。

无论是月台学校那个受虐的女孩还是法蒂，她们的故事都只让我对童婚有了一个粗浅的直观印象。在 2012 年，见过法蒂几天后，我认识了玛贝尔·范·奥兰耶（Mabel van Oranje），她大大加深了我对童婚的认识。

我在前面提到过，伦敦自主计划生育峰会结束后，我办了场晚宴，玛贝尔就是晚宴上的女嘉宾之一。那晚，每个人都在谈论与女性、女孩相关的话题，而玛贝尔谈论的，就是童婚。

晚宴前，我已经得知玛贝尔是荷兰弗里索王子之妻，王子的母亲是荷兰王国女王贝娅特丽克丝（Queen Beatrix）。特殊的身份为玛贝尔从事的人权工作赢得了广泛关注，但她的活动家事业早在婚前就已开始。大学时代，她曾旁听过联合国安理会关于种族屠杀的辩论，后来又成为联合国实习生。大学尚未毕业，她就创立了自己的首个慈善组织，此后十年都在为和平奔走。

玛贝尔供职于长者领袖组织（The Elders），该组织由纳尔逊·曼德拉（Nelson Mandela）创立，旨在汇聚全球领袖的力量，改善人权现状。作为该组织的首席执行官，玛贝尔频繁地出差。在一次旅途中，她见到一个年轻的母亲，那女孩看上去几乎还是个孩子。她问她几岁嫁的人，女孩说不记得了——五六岁吧。玛贝尔听了震惊不已，随即开始借助自己的经验、资源和人脉了解童婚，并为终结童婚做出了新的努力。

因此，那晚她在伦敦出席了我的晚宴。我对她钦佩有加，尤其是得知她刚刚遭遇家庭变故，依然没有放下自己的社会工作。晚宴前五个月，玛贝尔的丈夫在滑雪时遭遇雪崩，被厚厚的积雪掩埋。由于严重缺氧，他陷入了长期昏迷。我结识玛贝尔的那个夏天，她一面在医院陪护丈夫、抚慰孩子，一面为慈善事业鞠躬尽瘁。一年后，她丈夫去世，始终没有醒来。

见面时我得知，玛贝尔还领导着一个名叫“女童不婚”（Girls Not Brides）的机构，这个机构旨在改变童婚背后的社会经济因素，从而终结这种现象。他们面临巨大的挑战。过去十年间，全球每年有超过1400万桩童婚。在发展中国家，每三个女孩中就有一个在十八岁前结婚，每九个中就有一个在十五岁前嫁人。

玛贝尔是第一个让我看到自主计划生育与童婚之间关联的人。童养媳往往急于证明自己的生育能力，因而极少采取避孕措施。实际上，在童婚现象最严重的地区，女性采用避孕措施的比例也最低。而对女孩而言，不避孕的后果是致命的：在导致全球十五至十九岁女孩死亡的原因中，排名第一的是难产。

那天晚上玛贝尔吸引了我，也成了我的老师。

与她聊过之后，我渐渐看到各个性别议题之间千丝万缕的联系，决心加深自己对各领域的了解。离开晚宴时，我已经听取了许多关于童婚的内容，迫切想进一步了解这种现象。我研究问题的方法，一般是沉浸其中——去走访每天都会面对那些问题的人，再回来深入分析数据，与专家和活动家们对话。这次我反其道而行之，先从数据开始。我发现，童养媳感染艾滋病病毒的概率远高于未婚的同龄人，也更容易遭到强奸，还经常会被伴侣殴打。她们的教育水平低于未婚女孩。她们与丈夫年龄悬殊，双方力量严重不均，虐待时有发生。

我还看到，实行童婚的社群往往也实施女性割礼。这种仪式我在前面的章节中提到过，实际上它与早婚密切相关。提倡女性割礼的文化认为，割下女性的性器官是为了让她“做好出嫁的准备”。在不同的社群中，割礼的形式不尽相同。最残忍的一种不仅要摘除阴蒂，还要缝合会阴，直到女孩结婚时才重新打开。女孩一行完割礼，她的父母就开始张罗着把她嫁人。

无论是否行过割礼，童养媳的新婚之夜通常是极端痛苦而无助的。据一名孟加拉国女孩回忆，她丈夫对她说的第一句话是：“别哭了。”

如果女孩的丈夫来自另一个村庄，那她就要随他迁往一个举目无亲的地方。在去丈夫家的路上，一些童养媳甚至被蒙着头，好让她们逃跑时找不到回家的路。

童养媳时常饱受虐待。一份旨在调查印度各邦女性生存状况的研究发现，十八岁前嫁人的女孩遭到丈夫恐吓、抽打、殴打的概率是其他女孩的两倍。

研究还表明，随着时间的推移，童养媳更容易不停地生儿育女，子女人数可能超出她的喂养、教育和照护能力。要照顾这么多孩子，她就无暇赚取收入，而且过早地怀孕也会损害她的健康。因此她可能一生都贫病交加，她的孩子也难以走出贫困的恶性循环。

与已婚女童交谈

以上这些，都是研究数据反映的情况，不过我认为自己依然有必要跟童养媳以及那些致力于废除这种习俗的人谈谈。因此，2013 年 11 月，我借会议之机来到埃塞俄比亚，造访了该国北部的一个偏远村庄，希望了解人口理事会（Population Council）为终结童婚所做的工作。

到了村里，我和另外两位女士被请到一处空场，那是村里人集会的场所。那里有一间小小的保健诊所、一个火堆和一座小教堂，教堂就是我们跟女孩们见面的地方。四周没什么人。我们也没带任何工作人员。与我们同行的男士都在车里等待。我们想尽量让女孩们畅所欲言，所以没带任何可能影响她们的人或物品。

我们走进教堂，室内很暗，只有几扇小窗透进亮光。里面坐着差不多十名女孩，适应黑暗后，我发现她们的个子都小得可怜。她们身形瘦小，就像脆弱的雏鸟，还在成长就被迫嫁作人妇，甚至来不及伸展翅膀。我想张开双臂拥抱她们、保护她们。

她们都只有十岁、十一岁——跟我女儿菲比同龄。可她们看上去还不到这个年纪。有人告诉我，她们中的一半已经嫁人，另一半还在上学。

我先跟已婚的女孩们交谈。她们的声音很轻，我几乎听不清她们在说什么，就连翻译都必须凑近才能听清。我问她们几岁结的婚，怎么知道自己要嫁人了。其中一个叫瑟拉姆（Selam）的女孩告诉我们，十一岁那年的一天，她帮妈妈筹备了一个派对。她花了一整天时间做饭、打扫、取水。讲述时，她不断地停下来深呼吸，然后用细小的声音继续讲述，仿佛在透露一个秘密。

她说宾客们一到，父亲就把她叫到一边，说她就要结婚了。那天晚上就是她的新婚之夜。

她吓坏了，冲到门口，拼命想扭开门锁，逃出家门，远走高飞。她的父母早有准备。他们把她拉回来，迫使她静静地站在丈夫身边行了礼。派对结束后，她离开了童年时代的家，来到一个全然陌生的村庄，搬进丈夫家中，开始了家务缠身的一生。

每个女孩都有一段悲惨的经历，其中最悲惨的就是瑟拉姆这种，本以为自己要去参加派对，却被骗进一场婚姻。欺骗女孩的人显然知道这会让她心碎，否则为什么百般哄诱？好几个女孩说起结婚那天的情形都潸然泪下。她们不但得离开家人和朋友，搬进陌生人家中，为他们做饭打扫，还必须离开学校，而她们都知道那意味着什么。其中一个童养媳——看上去不过八岁左右——告诉我，读书是摆脱贫困唯一的途径，而她已经结婚，这扇大门永远地关闭了。她们讲述这些故事时，声音都近乎耳语。一些女孩——我记得特别是其中的两个——仿佛只剩躯壳。她们灰心丧气，完全丧失了表达的权利，我不知道她们该怎么找回自己的声音。

听她们讲述时，我竭力掩饰自己的情绪，不希望女孩们看出我认为她们处境悲惨。不过我的确这么认为，而且我敢肯定，无论如何掩饰，这种情绪依然有所流露。我越听越难以自持。她们哭泣时，我也热泪盈眶，尽管我试着忍住眼泪。

接着，我又跟那些没嫁人的女孩聊了聊。她们还在上学，说话的声音也更响亮。她们更加自信，谈起童婚，她们的语气中甚至带有一点反抗的意味。那一刻，一切再明白不过，童养媳被剥夺了某种至关重要的东西——婚姻开始，成长就宣告结束。

谈话结束后，我走出门外，被明晃晃的日光照得睁不开眼。我不得不眯起眼睛适应了一会儿，然后才穿过空场去跟女孩的导师们交谈。他们正设法让女孩避免结婚，并让已婚的女孩继续上学。

他们的工作十分重要，也取得了丰硕的成果。但在亲眼见证了童婚带来的伤害之后，我很难专注于项目细节。一个声音不断地在我脑海中回响："哪有什么项目能扭转我刚刚看到的一切？"在见证童婚造成的后果之后，我很难对它进行理性的思考。它带来的情感冲击实在太过强烈。

我们本打算在去机场的路上跟这个团队喝杯茶、听听汇报，但我实在做不到。回程路上，我一言不发。回到当晚的住地后，我长长地散了个步，设法消化我目睹的一切。

先前听女孩们讲述时，我除了心碎什么也感觉不到。现在，经过一段时间的沉淀，与那一切拉开了一定距离，愤怒逐渐在我胸中沸腾，我为那些被骗去结婚的女孩感到愤怒。任何一个孩子都不该被这样对待。

像埃塞俄比亚一样，印度也有一些反对童婚的项目专门救助面临威胁的女孩。联合国人口基金会发表的一篇文章，讲述了一个十三岁女孩的故事。她来自比哈尔邦，有一天，她偶然听到父母在谈论明天的一场婚礼——她的婚礼。

她惊得目瞪口呆。童婚在她居住的地区十分常见，而且在大多数情况下，这些故事的结局最终都会像瑟拉姆的故事一样——女孩奋力反抗，却无济于事。但这个女孩不同。她手机上有个叫班登托德（Bandhan Tod）的移动应用，这个名字意为“砸碎你的脚镣”。她一听父母在谈论自己的婚礼，就抓起手机，打开应用，发出紧急呼救——那是一条十万火急的童婚警报。班登托德网络的创始人之一接到了消息，派出一名社工紧急赶往女孩家，劝阻她的父母。童婚在印度属于非法行为，因此这些机构才有理由干预这种家庭事务。女孩的父母拒绝妥协，所以机构负责人就采取了进一步行动，与当地警方取得了联系。第二天，一位副警长带着一班人马出现在婚礼现场，在礼成之前取消了仪式，就这样，十三岁的“新娘”终于回到家中，得以继续学业。

我自然为这位逃脱婚礼、回到家中和课堂的女孩高兴。这个故事揭示了童婚问题的复杂性，以及我们为什么有必要找到根本的解决方案。很多被迫出嫁的女孩都没有手机，也缺乏这种救助网络。她们指望不了本地警察及时出现终止婚礼。更重要的是，女孩逃脱婚姻后会回到家中，而想把她嫁掉的正是她的父母。她在家中该如何自处？她在那里毫无地位可言。她妨碍了父母的计划，或许还让他们蒙羞。她父母会不会拿她出气？

把女孩从婚姻中解救出来固然重要，但更重要的是找到父母急于让未成年女儿出嫁的原因。

如果女儿出嫁能给家庭带来经济回报，那么家里就会少一张嘴吃饭，其他人也能分到更多资源。如果女儿出嫁得付嫁妆，那么女孩越小，付得越少。在这两种情况下，父母都有强烈的动机把女儿早早嫁掉。女儿待字闺中的时间越长，遭遇性侵的概率就越高——那样她就会被视为不洁的女子，嫁不出去。父母之所以让女儿早早嫁人，既是为了维护家庭的荣誉，也是为了维护女儿的荣誉，好让她们免受性侵伤害。

在此，请允许我暂时中断叙述，指出一个令人心碎的事实：迫使女孩们接受可怕的童婚，竟是为了保护她们免受另一种恶性侵害。据世界卫生组织称，全球有三分之一的女性遭受过殴打、强迫发生性关系和虐待等侵害。

性暴力是全球最普遍的人权问题，也是男性控制女性的手段中最赤裸裸、最具侵犯性的一种——无论是与战争相伴相生的强奸，还是丈夫殴打妻子，抑或是男性在职场中以暴力手段羞辱、贬低日渐强大的女性。

我听过许多令人难过的故事，譬如女性因为担心自身安危而无奈放弃梦想，为躲避性侵者而屈就离家较近但水平较差的学校。这些故事发生在世界每一个角落，包括美国。我们应该努力保障成年女性和女孩的安全，直到性暴力彻底绝迹。没有安全，就没有平等。

在童婚问题上，传统文化留给女孩们的选项少之又少，导致嫁女儿的父母往往深信这是对女儿和全家最好的选择。这说明，我们不能光与童婚作斗争，还必须改变那种让贫困家庭将童婚视为最佳选项的文化。

大音希声的英雄

莫莉·梅尔钦用一生证明了这个道理。莫莉也是我的一位老师，我之前就提到过她。我们相识于 2012 年夏天，她向我展示了挑战根深蒂固的传统文化最有效的方式。

我在塞内加尔的一座城镇与莫莉会合，然后跟她一起开车去某个村庄考察她负责的一个社区赋权项目。在一个多小时的车程里，莫莉跟我讲起她 20 世纪 70 年代来塞内加尔的经历，那时她还是一名交换生，来这里精进法语。她立刻爱上了塞内加尔人和他们的文化，甚至决定学习本土的沃洛夫语。

尽管她深爱着这个国家，但也注意到了这里的女孩处境艰难。塞内加尔的许多女孩在很小的年纪就接受了割礼——一般在三到五岁。她们中很多人都早早结婚，随后在社会的鼓励下频繁生育。外来机构曾设法改变现状，却从未成功，莫莉想找到原因。

她为各项发展计划担任翻译，方便当地人与那些想帮助他们的外部机构交流。很快，她发现，造成这两者沟通困难的不只是语言障碍，还有同理心的缺失。外来者想帮助当地人，却无法设身处地地感受他们的生活，也没兴趣去理解有些事物为何如此。他们甚至不能耐心地向村民解释某种做法为什么应该改变。

那天在路上，莫莉告诉我，在发展问题上，同理心的缺失会抵消一切努力。捐赠的农具生了锈，保健诊所空无一人，而诸如女性割礼、童婚一类的陋习依然毫无改观。人们听说发展中国家存在某种陋习，就变得义愤填膺，恨不得冲上去说："这是有害的！赶快停止！"但这种做法大错特错。她说，愤怒或许可以拯救一两名女孩，只有同理心，才能改变整个体系。

这个想法促使莫莉创立了托斯坦（Tostan），采取全新的手段促进社会变革。在这个机构中，没有人会说村民的做法错误或糟糕。实际上，莫莉告诉我，她从不使用"残割女性生殖器"这个说法，因为它充满道德评判色彩，如果你总是对别人做道德评判，那就没人会听你说话。她一般用"摘除女性生殖器"，因为这样，她想劝说的人就不会反感。

润物细无声的改变

托斯坦采用的方法，不是从外部评判，而是在内部探讨。受过训练、懂当地语言的协调员会在村里生活三年，带领全社区展开对话。他们每三周做一次数小时的讨论，协调员会在讨论开始时请大家描绘他们理想中的村庄，或称“未来之国”。托斯坦所做的每件事，都是为了帮助村民们实现他们理想中的未来。

为此，协调员会向村民们传授卫生保健知识，教他们读写算术、解决问题。他们告诉村民每个人生来都享有一系列权利——譬如有权学习工作、保持健康、自我表达，也有权不受歧视与暴力侵害。

即使在协调员传播这些权利的地方，它们也远未实现——尤其在一些地区，人们甚至认为，女性公开发表意见就“活该”被丈夫殴打。在这些地方，人们认为男女平等的观念是荒谬的。随着时间的推移，女性发现一切正朝着男女平等的方向发展，譬如男人开始干“女人家的活儿”，女人开始挣钱，而且这些变化都能带来实实在在的好处，人们变得更健康，识字的人也越来越多，所以，这个观念或许终究还是有可取之处的。

学习了基本人权和男女平等，学员们又开始探讨女性健康。他们甚至不能提女性割礼这个词，在他们眼中，这项仪式是古老而神圣的，只能笼统地称为“传统”。尽管如此，协调员依然指出了它带来的健康隐患，如感染和失血过多等。她讲完后，全场鸦雀无声。

下次上课时，村里的接生婆举手站了起来。她心如擂鼓，大着胆子说根据她的直接经验，行过割礼的女性分娩更困难。随后，别的女人陆陆续续开始讲述她们的故事。她们回忆割礼带来的剧痛，说起自己的女儿当时如何血流如注，还提到有女孩因失血过多而死。既然所有女孩都有权保持健康，那割礼岂不侵犯了这项权利？这真的是她们的*必经之路*吗？如此热烈的讨论持续了好几个月。最后她们决定，今年轮到自家女儿行割礼时，她们不送女儿去了。

莫莉将自己创办的机构命名为托斯坦时，脑海中浮现的正是这样的时刻。托斯坦是沃洛夫语，指雏鸟初次破壳那一刻，翻译过来就是"突破"。

莫莉回忆道："我们正在见证一场重大的变革——人们走到一起，探寻他们最根本的价值，再对照自己的行为与态度，看这些做法是否实质上违背了这些价值。"

在我看来，托斯坦所做的一切都是神圣的。

不过莫莉也面临一个挑战。村里的文化的确发生了转变，但她担心这不会持久。村里人会与邻村人通婚，认为与外村人结婚能增强自身实力，在更大的范围内拓展人脉。要是别的村庄依然保留女性割礼并视之为婚姻的前提，莫莉这个村的村民就会受到孤立，年轻人可能因为找不到结婚对象而回归这项传统。所以在某种程度上，所有的村庄都必须共同进步——没有哪个村庄能独善其身。

村里的伊玛目[1]也向莫莉表达了这层担忧，不过他依然认为改变势在必行。“这件事包在我身上。”他说。

他离开了好几天，徒步走遍了附近每一个村庄，与那里的人们探讨女孩、婚姻、传统和变革。莫莉很长时间没得到他的回音。后来他回来了，宣布：“都谈妥了。”他说服所有的村庄放弃了女性割礼，齐心协力，一劳永逸。在塞内加尔的这一地区，家长再也不必面对是让女儿接受割礼还是任由她们被社会唾弃的两难选择了。

这场运动很快蔓延到别的村庄，甚至别的国家，主导者大都是那些从项目中受益的村民。很快，人们开始质疑另一些有害的传统。

托斯坦在塞内加尔另一个村庄也设立了一个项目，那里的父母会逼迫年幼的女儿结婚，最小的年仅十岁。人们开始在托斯坦的课堂上讨论早婚对女孩的影响。这些座谈开始不久，一个跟丈夫分居的女人得知对方打算让他们的女儿出嫁。她女儿名叫卡迪（Khady），今年十三岁，读七年级。那个丈夫派人闯进卡迪的教室，把她带出学校，并告诉老师她明天要结婚，今后不会再回来上课了。

那晚，卡迪的母亲采取了行动，召集她所在的托斯坦项目的

1　伊玛目（imam）是穆斯林的祈祷主持人，在阿拉伯语中的意思是“领袖”。

负责人和女儿学校的小学校长开了个特别会议。他们长谈入夜。第二天一早，几十名村民和学生开始游行，他们都举着标语，上面写着：让女孩留在学校！拒绝童婚！

这个策略奏效了。卡迪重返校园。她母亲给她父亲带去消息，告诉他这个村庄禁止童婚。卡迪得救的故事比前面那个警察营救的故事更加震撼人心。警察营救属于执法，而这场营救，标志着文化的转变。

今天，在托斯坦进驻的社区中，承诺禁止童婚的达到 8500 个。据托斯坦统计，来自八个国家的 300 万人表示，他们不会再实施女性割礼。

这些就是莫莉在与我一同驱车赶往村里的途中讲述的故事，我们此行正是为了跟带来这些变革的人交流。抵达后，莫莉和我受到了热烈的欢迎，受邀和他们一起跳塞内加尔传统舞蹈。伊玛目提出要为我们祈祷，组员们召开了全村大会，向村民们介绍托斯坦的工作方法：一切事务都由参与课程的组员依据每个人对未来的设想和应有的权利共同决定。

会后，我有幸同与会的人们逐一交流。他们都踊跃地分享各自生活的变化。女人们强调现在男人们都开始干那些所谓女人该干的家务活儿了，譬如捡柴、看孩子、取水等等。我听罢很想知道男人们为什么愿意改变，因为对他们来说，过去那种日子显然要轻松得多。我先跟一个男人聊了一会儿，然后问他："你为什么愿意去井里打水呢？”他说：“这活儿累人。男人更强壮，所以该由男人来做，而且我也不想让老婆太累。女人们总是很累，要是我老婆没那么累，她就会更开心，我们的床上生活也会更有乐子。”

每当我在世界各地讲起这个故事，听者总会哈哈大笑。

跟女人们交流时，我问她们跟丈夫相处得如何。一个女人说：“以前我们跟丈夫什么话也不说，现在成了朋友。以前他们会打我们，现在他们再也不打了。”大多数女人都说她们在避孕，丈夫也很支持。对此，伊玛目表示：“一个接一个地生对身体不好。孩子们更健康，安拉也会开心。”

在场的男人和女人都谈到他们过去会在女儿十岁左右就把她们嫁出去，现在，即使有人愿意出钱，他们也一定会等女儿长到十八岁。我问一位男青年，他会不会跟其他村十八岁以下的女孩结婚。他说，他已经拒绝了一个婚约，因为那女孩未满十八岁，虽说他不知道她长大后还愿不愿意嫁给他。

跟几个大组聊完，我被请到一户人家与少数几个女人交流。房间里很暗，凝重的空气中涌动着伤痛与悔恨，女人们跟我分享了与割礼有关的记忆。一个女人解释说：“长辈这么对我们，所以我们也就这么对女儿。我们把这看作一件理所应当的事，却从没审视或研究过它。我们以为它是一种荣誉。”

另一个女人向我描述了她在传统仪式中的角色，全程边讲边哭。她摘下头巾擦去泪水，说话时还不断抹泪。

“我不是执刀人，”她说，“但我比执刀人参与得更深。执刀人看不见女孩的脸，而我必须在行礼时按住那孩子。我必须非常坚强，因为那过程可怕极了。女孩会撕心裂肺地尖叫。有些女孩逃跑后，我甚至把她们抓回来继续按住。我见过太多可怕的事。现在我们不再这么做了。我退出时被家里人批得体无完肤。我告诉他们这是神的旨意，因为女孩们正在流血、死去。我们以后再也不会这样做了。我说这一切必须立刻停止，而且跟每个人都这么说。”

听完这些故事，我回到酒店房间，再也忍不住眼泪。

谁给了我这个权利?

我带着这两个问题离开了塞内加尔：托斯坦成功的秘诀是什么？是谁给了我参与这一切的权利？

这两个问题——我稍后会展开谈——关系到我在第二章提到过的那个来自汉斯·罗斯林的质疑：美国的亿万富翁只会施舍钱财，把事情搞得一团糟！

汉斯说得在理。我至少能想到三种由富裕而缺乏经验的捐助人造成的混乱。第一，如果一位重量级捐助人进入某个领域并优先选择某种手段，那么该领域的工作者就可能放弃自己的想法而去追随捐助人的思路，因为后者掌握着资金。这样一来，捐助人就很难获得好的提议，反而可能在不经意间抹杀它。第二，慈善界与商界不同，很难看出哪些办法行之有效。出于种种原因，受赠人和受益人会告诉你项目收效良好，即使实际效果并不理想。除非能客观地衡量收效，否则捐助人很容易长期资助无用的项目。第三，富人往往容易误以为自己在某个领域取得了成功，就能在每个领域取得成功。因此，他们宁愿相信自己的直觉，也不愿听从长期耕耘该领域的专家。如果陷入自以为是、一意孤行的误区，那捐助人就很可能走出自己擅长的领域，做出错误决定，造成恶劣影响。

这些就是亿万富豪做慈善时容易陷入的几个误区，汉斯的担忧不无道理。在工作中，我总是尽量避免陷入这些误区，自省时也尽量把它们考虑在内，尤其是当我对自己提出这个问题：

作为局外人，我并不是这个社群的一分子，我凭什么有资格去支持人们改变他们自己的文化？

当然，我可以说这是因为我资助了当地人，这些项目也都由社群内部成员实施。但这些人的工作也可能遭到社群中其他成员的反对，也就是说，我支持一些人多过另一些人。所以，这为什么就不是那种局外人的傲慢呢？这与一个受西方教育的富人自以为是的指手画脚又有什么不同呢？我为什么可以说我不是在利用自己的影响力，把自己的价值观强加于一个我几乎一无所知的群体呢？

不可否认，我渴望推行自己的理念。我相信每个人都有同等的价值，男性与女性生而平等，每个人都应该有所归属，每个人都享有同等的权利，也应该有追求美好生活的自由。我相信，如果法律所管束的人无权参与它的制定，道德盲点就会被写入法律，弱者就将承担重负。

这些就是我的信条和价值观。我相信，它们不仅是我个人的信念，更是全人类共同的价值。只要能撼动那种允许一部分人凌驾于他人之上的文化，哪怕只有一丝一毫，我也会加入改变社会陈规的斗争。我相信，积重难返的社会规范和那种让强者获利、弱者不堪重负的制度，不仅会伤害被排斥在外的人，更会伤害整个社会。

因此，如果一个社群不允许女性享有婚姻自由，而是把女性作为商品分配给男性，剥夺她发展潜能的权利，强迫她终身无偿为他人提供家政服务，那它就违背了人类共同的价值——只要这样的社群中有人愿意挺身而出，替无法为自己辩护的女孩们说话，那他们就有资格加入争取女性权益的斗争。这就是我支持那些陌生社群改变自身文化的理由，即使他们与我相距遥远。

那么，为什么在看到托斯坦采取的方法之后，我会更加确信自己应该参与呢？幸运的是，要让我信奉的理念成为现实，我个人的努力远远不够——这样别人就能免受我的知识盲区和偏见影响。一种文化要从男性主导过渡到两性共同主导，必须得到多数社群成员的支持，这也包括掌握权力的男性。他们必须明白，与女性分享权力能帮助他们实现他们无法靠一己之力实现的众多目标。社群内部普遍的支持本身就是最有效的保障，能避免外来者专横的指手画脚。

变革发生时总是由内而外，而非相反，并且总是以最具颠覆性的方式实现：人们开始谈论那些约定俗成却极少得到讨论甚至被视为禁忌的传统。

这样做为什么有效？因为如果人们能通过交流取得进步，那对话就能促成改变。我指的不是科技进步，而是人性方面的进步。女性、有色族裔、性少数群体和一切遭受过歧视的族群每多争得一项权利，人类就向前迈进一步。同理心是人类进步的起点，一切都从它开始。同理心让人学会倾听，而倾听能带来理解。人与人就是这样达成共识的。在许多情况下，人与人之所以无法相互理解，是因为缺乏同理心和共同的感受。如果你能体会他人的感受，那你就更能理解他们的想法，与对方相互谅解。在此基础上，你们就可以更进一步，本着坦诚、尊重的态度相互交流，而这种交流，正是成功伙伴关系的标志。进步就来源于此。

如果人们都能设身处地地体会他人的艰辛，抚慰他人的痛苦，那么整个社群就会过得更好。一般而言，当代人的同理心强于前人，我们今天遵守的种种习俗和传统却由前人制定。我们探讨约定俗成的传统，为的就是去除陈旧的偏见，在传统中注入同理心。当然，在这个过程中，我们不仅需要同理心，还需要借助科学的力量。同理心能让我们消除偏见，摈弃那种认为一些人比另一些人更有资格享受科技成果的迷思。

仔细观察，你就会惊讶地发现偏见无处不在。在某种文化传统形成后，谁受到了忽视？谁遭到了削弱？谁被置于不利的地位？谁无法发出自己的呼声？谁的意见无人在意？谁得到的权利最少，却承担了最多的痛苦？我们该如何消除盲点，扭转偏见？

未经探讨的传统会抑制道德进步。如果有人把某种传统强加于你，你却避而不谈，只是默默地遵从，那你就是在行使古人的意志。这让人看不到传统中的盲点，而道德盲点总是表现为排斥他人，无视他人的痛苦。

外来者能促成社群成员之间的对话，帮他们找到并清除道德盲点，但这项权利也可能遭到滥用，因为这些外来者谈论的往往只是他们自己的做法，在意的只是这些做法能否在他们的价值体系中达成他们的目标。

如果人们开始探讨自己的社会规范并对它提出质疑，那么弱势者的需求就会得到承认，他们的负担就会减轻。而在过去的传统之下，他们只能被迫承受痛苦，让利于人。具体到童婚问题，只要能在同理心的基础上，以平等为导向，展开一场全面的讨论，女性就不会再被迫结婚，大喜的日子也不再是一场悲剧，教育水平也不会止步于十岁。在审视传统时，只要以同理心替代偏见，一切就会截然不同。

莫莉和我离开前，我跟最后一个人，也就是村长聊了聊。他告诉我：“过去，我们嫁女儿还会收钱，就像卖东西一样。是那些男人说事情就该这样，其实我们并不理解婚姻意味着什么。婚姻应该为女人带来幸福。如果违背了她的意愿，婚姻就注定失败。

现在我们不再逼迫女孩嫁人了，也废除了童婚。这些东西有违我们真正的信仰。现在我们的眼光变得更加长远，而过去，我们目光短浅。近视只是一种视力缺陷，要论危害，它远远比不上思想上的鼠目寸光。”

07

第七章 正视性别偏见

务农的女性

“世界上大多数穷人都是农民，但很多人可能不知道，女性承担了其中大部分劳动。因此，我们要为她们提供新培育的种子和最新的技术手段。如果我们向女性提供这些工具，她们就会利用得非常有效。”

迪米村（Dimi）是马拉维一个偏远的农业聚居区，圣诞节那天，村里的男女老少都聚在一起庆祝节日，只有一个叫帕特里西亚（Patricia）的女人除外。她来到几公里外，走进自家的半亩农田，跪在地里潮湿的泥土上播种花生。

在全村人分享美食、谈笑风生时，帕特里西亚正在精心栽种。她一丝不苟地把种子排成整齐的两行，垄间距七十五厘米，每颗种子相距十厘米。

六个月后，我在这块地里见到了帕特里西亚。我对她说："我听说你圣诞节种地的事了！"她笑着说："那天下雨了！"她知道在土地湿润时播种作物会长得更好，所以才选择在圣诞节那天下地。

你或许会以为像帕特里西亚这样兢兢业业的人想必早已飞黄腾达，但多年来，她历尽艰辛。她干活儿如此卖力，家里人依然食不果腹。她没钱送孩子上学，尽管那笔投入能打破贫困的循环，她甚至没钱买煮饭用的锅，尽管那能让她过得轻松一点。

农民的收成取决于五大要素：肥沃的土地、优质的种子、必备的农具、充足的时间和娴熟的技能。这些帕特里西亚都很难做到，不为别的，只因为她是个女人。

首先，在马拉维的大部分地区，传统规定女性不得继承土地，这种情况在撒哈拉以南的非洲十分普遍。（近来马拉维通过了一系列法案，允许女性平等地持有土地，但传统依旧积重难返。）因此，帕特里西亚的农田不是她的，而是她花钱租来的。这是一笔开支，也导致她不愿投入资金改善土地、提高产量。

其次，作为女性，帕特里西亚在家庭开支问题上没有发言权。多年来，家里的支出全由她丈夫定夺，要是他不打算为她购买农具，帕特里西亚也无能为力。

帕特里西亚每天的安排也由丈夫说了算。她幽默地模仿丈夫使唤她的模样："去做这个，去做那个，去做这个，去做那个，一天到晚都这样！"帕特里西亚每天都得劈柴、取水、做饭、洗碗、带孩子，所以她很少有时间照料庄稼，也没工夫把农产品拉到市场上卖个好价钱。即使她雇人帮忙，雇工也不会像她那样替男人干活儿那么卖力。马拉维男人不愿在女人手下干活儿。

匪夷所思的是，就连帕特里西亚播下的种子都会受性别影响。长期以来，发展促进机构与农民合作，培育出植株更大、抗病虫害能力更强的改良品种。然而数十年间，这些机构只与男性农民对话。这些男人只关心可供出售的品种，不像帕特里西亚那种靠种地养家糊口的农民，种的通常都是营养作物，譬如鹰嘴豆和绿色蔬菜。所以，几乎没人为她这样的人培育种子。

政府和发展促进机构时常开展农业培训，但女性缺乏行动自由，很少参加，而且，由于讲师往往是男性，她们甚至不能与之交谈。不能借助科技手段——譬如短信或广播——传播农业知识的机构发现，这些沟通工具都掌握在男性手中。要是哪家人有一部手机，那么持有者一定是男人。人们在家中听收音机时，掌握调频的也是男人。

综上所述，我们不难看出，为什么帕特里西亚这样一个聪明、勤勉的农民始终无法脱贫致富。重重障碍横在她面前，只因为她是个女人。

理解帕特里西亚

2015 年认识帕特里西亚时，我已经理解了那些妨碍她在农业生产上取得成就的性别分工和性别偏见。我花了很长时间才看到这一点，一切还要从沃伦·巴菲特对基金会的慷慨解囊说起。

沃伦的捐款为基金会开拓了新的领域。忽然，我们有了足够的资源，可以投资那些我们看重并认定前景广阔却尚未广泛参与的领域。我们的基金会还在学习。如果在某个领域发现机遇，我们会首先用小笔捐赠试水，然后密切关注项目进展，设法解决问题，寻找机会。接下来，我们会评估项目，决定是否扩大投资。沃伦向我们宣布他的捐赠时，我们已经考察了一些领域，只是尚未扩大投入。他的馈赠促使我们采取行动，迅速把性别平等列为新的投入重点。

比尔和我决定跳出全球卫生保健领域，把新的资源投入到能够直接削减贫困的举措上。“如何帮极端贫困者提高收入？”这个问题就是我们的切入点。我们迈出的第一步，就是了解这些人的生活现状和收入来源。我们发现，世界上最贫困人口中有 70% 靠耕种小片土地赚取收入，获得食物。这种现状蕴藏着巨大的机遇：这些小农如果能提高土地产量，那他们就能种植更多作物，收获更多食物，获取更多营养，赚取更多收入。我们相信，在减少饥饿与营养不良和消除贫困方面，全球最有力的举措，莫过于帮助贫困农民提高农作物产量，生产更多食物，并把它们推向市场。

我们决定把重点放在非洲和东南亚。撒哈拉以南的非洲是过去二十五年来全球唯一没有实现粮食产量增长的地区。如果能培育抗洪抗旱、具有较强抗病虫害能力的作物，同时提高土地生产效率，数百万人的生活将得到改善。因此，我们的策略十分明确：重点支持技术研发，帮助科研人员培育新种子，开发新肥料，让农民收获更多食物。

这便是我们最初的路线。那是 2006 年，基金会新设农业项目的负责人拉杰·沙赫（Rajiv Shah）在艾奥瓦州参加了世界粮食奖的一场研讨会，他在演讲中向全球农业领域的顶尖专家阐述了我们的愿景，并征求他们的意见与建议。他的演讲结束后，主办方请四位重量级专家回应。第一个发言的是诺曼·布劳格博士（Dr. Norman Borlaug），他是绿色革命的发起人，曾大幅提高农业生产效率，拯救了数百万饥饿中的人，并因此荣获诺贝尔和平奖。第二位发言人是英国国际发展部首席科学顾问戈登·康威爵士（Sir Gordon Conway）。随后发言的是中国华南农业大学校长陈晓阳博士。

等到陈博士讲完，活动已严重超时，可接下来还有一位女性发言人要发表意见。她就是凯瑟琳·贝尔蒂尼（Catherine Bertini），曾担任联合国世界粮食计划署（World Food Programme）执行主任。她看出观众听完这一席发言已经有些疲惫，于是一开口就直奔主题。

“沙赫博士，我想重提我们美国建国之初的一位国母艾比盖尔·亚当斯[1]的一句名言。她丈夫在费城起草《独立宣言》时，她曾写信告诉他：‘不要忘记女士们。’如果您和您的同事不去正视农业生产中的性别差异，那么你们所做的一切将与前人无异，注定是虚掷金钱。唯一的不同，只是你们会损失得更多、更快。”

凯瑟琳重新落座，会议结束了。

1　Abigail Adams，美国第二任总统约翰逊·亚当斯的夫人。

几个月后，拉杰请凯瑟琳加入盖茨基金会，教我们认识农业与性别的关联。

| “种地的几乎全是女人”

凯瑟琳上任时，基金会尚未将性别议题纳入讨论。我们的策略中完全没有它的踪影。别人我不知道，但每次回想起自己竟从没将性别议题纳入基金会的发展计划，我总是万分羞愧。当然，我并没忘记我们已经开展了许多服务于女性的项目。自主计划生育明显属于性别议题，产妇与新生儿健康也是。为了让更多孩子接种疫苗，我们也曾将母亲作为宣传对象。这些问题中的性别因素都是如此显而易见。但农业问题不同，找不到一目了然的性别元素，至少我没看到，起码一开始是这样。

一次，拉杰跟我和比尔开会评估我们的农业策略，凯瑟琳也参加了，从那天起，一切都变了。拉杰先向我们介绍了凯瑟琳，然后说：“她将负责性别议题。”这个字眼似乎冒犯了比尔，他立刻开始谈论我们应该如何把精力放在提高效率和取得成果上。比尔支持女性赋权，但我们的既定目标是提高食品产量，帮更多人解决吃饭问题。他只是认为这时候强调性别问题，会让我们偏离目标，在他眼中，任何喧宾夺主的问题都会影响基金会的效率。

比尔有时会咄咄逼人，但凯瑟琳早就想跟他谈谈这个。“性别议题跟农业生产效率息息相关，”她说，“我们想帮助农民实现效率最大化，满足他们实现目标过程中的一切需求，譬如种子、肥料、贷款、劳动力等等，所以知道他们是谁、需要什么就显得至关重要。下次你再开车去非洲农村时，朝车窗外看看都是谁在地里干活儿。种地的几乎全是女人。如果说你们只了解到男人的想法，那是因为只有他们才有时间出来开会，也只有他们有这个权利。所以，你们永远也无法弄清女人们真正的需求，而她们才是承担大部分劳动的人。”

凯瑟琳走出会议室，对拉杰说：“我真不知道自己干吗要来。要是他不买账，这一切根本不会有任何结果。”拉杰说：“相信我，他听进去了。”

几个月后，凯瑟琳开车时在收音机里听到了全国公共广播电台（NPR）对比尔的采访，谈论的是经济发展问题，比尔在采访中说：“世界上大多数穷人都是农民，但很多人可能不知道，女性承担了其中大部分劳动。因此，我们要为她们提供新培育的种子和最新的技术手段。如果我们向女性提供这些工具，她们就会利用得非常有效。”

凯瑟琳惊得差点开下公路。

这段经历让凯瑟琳体会到比尔的确善于学习，正如拉杰所说。实际上，他不但善于学习，而且热爱学习。他的确非常严厉，可以问得人哑口无言，有时甚至太过严厉，但他同时也善于倾听与学习。一旦学到新的知识，他就愿意改变。当然，并非只有比尔对学习充满热情，我也乐在其中。求知若渴是基金会文化的核心，也是我们全体员工逐步认定推动性别平等有助于推动农业项目进展的原因。

实际上，如果不存在性别差异与不平等，我们也不会如此在意马拉维农民大多是女性这个事实。帕特里西亚的生活告诉我们，性别因素的确举足轻重，因为它妨碍女性获得她们所需的作物。

汉斯·罗斯林讲过的一个故事恰好反映了这个问题。那时，他在刚果的一个村庄里研究木薯根的营养价值。一天，他跟几个女人一起下地干活儿。他们收割木薯根，给它们编号，再装进筐里背到池塘浸泡，总共收集了三筐。一个女人背着第一筐，另一个背着第二筐，汉斯背着第三筐。他们排成一路纵队走在路上，没过几分钟就放下筐子休息，这时，一个女人回头看见汉斯的筐子，像见了鬼似的大叫："这东西怎么跑到这儿来了？！"

"我背来的。"汉斯回答。

"你不能干这种活儿！"她喊道，"你是个男人啊！"

她会这么说，是因为刚果男人从来不背箩筐。

严格的性别分工也延伸到其他领域，例如，谁来伐树、谁来播种、谁来除草、谁来移栽、谁来顾家带孩子做饭。当你看到一个农民，你就看见了一个母亲。家务劳动不仅会挤占务农时间，也让女人无暇与其他农民交流，无法交换彼此的诀窍，了解关键的信息，譬如有哪些新的种子品种，如何定价最合理，哪里开辟了新的市场。一旦意识到农民大都是女性，而且地位低于男性，情况就完全变了。

2011年，联合国粮农组织做过一次划时代的研究，结果发现在发展中国家，女性农民的收成比男性低20%到30%，尽管她们的务农技术毫不逊色。女性农民产量较低，是因为她们不能像男性那样获取各种资源与信息。如果能享有同等资源，她们的粮食同样也会丰收。

报告还指出，如果我们能将贫困的女性农民视为具有特殊需求的顾客，为她们定制技术、培训和服务，女性的收成会和男性一样好。这也会为女性提高收入，让她们在家庭事务中更有发言权，加强子女的营养，带来足以支付学费的收入，并且——由于食物产量上升——在全球减少1亿至1.5亿营养不良人口。

这种做法回报巨大，却也充满挑战。帕特里西亚不是一个特例，她背后是成百上千万名女性。与男性相比，这数百万女性占有的土地面积更小，接受的农业技术指导也更少，打入市场和获取贷款更加困难，也缺少种子、肥料和培训。在某些地区，女性甚至无权设立银行账户，签订合同必须经男性家属同意。

在改善女性生活的过程中，这些性别屏障或许会吓得你后退一步，说："改变文化观念不是我们的工作。"当你得知农民中有一半以上是女性，她们很难提高土地产量，结果导致孩子忍饥挨饿、家人深陷贫困，那你就不得不做出选择。你可以沿用过去的方法，助长偏见，放任贫困。或者你可以帮女性赢得她们想要的力量，让她们喂饱孩子，释放自身的潜能。这两个选项的含义显而易见，是挑战偏见，还是对它姑息纵容。这从政治角度来讲或许是个棘手的问题，但从道德层面来看就毫无难度：你是选择助长压制女性的陈旧文化，还是愿意共同缔造一种全新的文化，提高女性的地位？

在农业领域争取性别平等，这完全出乎我们意料。我们花了不少时间才把它纳入计划。任何有志改变世界的人，都必须面临这些艰巨的挑战：怎样才能既按计划行事，又不断吸纳新的想法？如何对自己的策略保持开放的心态，愿意倾听那些可能将它彻底颠覆的新点子？

最初，我们以为贫困农民只需要强大的技术手段，譬如新型的种子，这样他们就能抵御更恶劣的天气，在同一块土地上种出更多的作物。能够改变农业生产的不只是种子，还有种下这些种子的女性力量。这就是被我们忽视的重点，也是我们的新计划。要帮助农民，我们必须增强女性的力量。现在问题来了，我们该怎么让合作伙伴认同这一点呢？

不敢声张的“女性赋权”

最初，我只把女性赋权看作帮助极端贫困人口解决食品、营养和收入问题的手段，而不是一个独立的问题。

性别平等本身的确是个重要目标，但在当时，我们基金会并不接受这样的定位。作为一个全新的理念，它受到了质疑。一位高管曾突然打断谈话，宣称："我们不碰性别问题。"还有人推托："我们又不是社会公平机构！"

最初，我们十分在意这些反对的声音，就连那些最热衷的同事也都避免提到赋权。这个字眼会招人反感，喧宾夺主，让人忘记我们"必须了解农民的需要"。因此我们所做的，只是让农业研究者知道农民大多是女性。这就意味着研究员必须开始收集涉及女性的数据而不能只关注男性，也意味着培育新品种的科学家必须听取女性的意见。

举个例子。在开发一种改良的新型水稻品种时，农业研究者通常会走出实验室，询问农民对种子特性有哪些需求。

这个想法很好。但研究人员大多是男性，通常也只询问男性农民的意见。女性往往无法参与讨论，因为她要么家务缠身，要么就是迫于习俗所限无法与男性专家交谈，抑或是因为研究者看不到女性意见的重要性。

于是，在很多时候，研究者会把种子改良后的特性告诉男性农民，听者一般会欣然接受。研究者就带着这样的反馈回实验室改造种子，推向市场。男人们购买改良的种子，交给女人播种，而女人们（通常也主要负责收割）发现稻穗长得太低了，她们收割时得把腰弯得很低。

过了一段时间，女人们告诉丈夫她们想要更高的水稻，不想再弓腰驼背地收割了。于是男性农民就不再购买这种种子，研究者的时间、经费和心血都打了水漂，实际上，但凡有人跟女人们谈谈，这种浪费就可以避免。

好在国际水稻研究所（IRRI）已经发现，女性和男性农民对好的水稻品种有不同的要求。显然，为了尽可能提高收成，男性和女性都喜欢高产量的品种。由于女性在农业生产中的工作也包括收割和烹饪，所以她们更喜欢高度适宜、烹煮时间适中的稻种。有鉴于此，IRRI 研究员专门听取了男性和女性对稻种的需求。他们知道，如果能在育种过程中得到男女双方的反馈，那么从长远来看，农民采用新品种的积极性会更高。

带着这些经验，我们开始资助一些项目，寻求帮助女性农民打破障碍，获得改良品种以及肥料和技术，还有贷款，满足她们提高农业生产效率的需求。

我们最早资助的一个项目十分简单：我们想用技术手段为加纳乡村地区的农民提供帮助，为此，我们的合作伙伴制作了一个广播节目，向女性农民传授种植番茄的方法，而且他们做过大量的前期准备工作，确保节目尽可能覆盖广泛。他们确信广播是最佳媒介，因为村里有许多人不会读写，也大都没有电视。一周一次的播出频率不多不少，与农民开始新任务的频率一致。番茄是最合适的作物，因为它相对容易栽种，不但能用于出售，还能给家庭成员补充营养。最后，他们还得摸清女性听收音机的时间，因为如果播出时恰好是男性掌握调频，女性就学不到种植番茄的窍门。

在基金会，大家逐渐确立了这种思维，每个人都能看到那些影响项目进展的性别差异和社会规范。我们开始悄无声息地转变工作方式，在基金会安排了少数几名专家，负责向有兴趣的人介绍在项目中强调性别问题会为实现目标带来哪些帮助。他们说话时都轻声细语。这几位早期专家之一，也是我现在的首席政策顾问哈文·雷伊（Haven Ley）打趣说，她仿佛“在地下室工作了三年”。在工作中，她甚至很少提到“性别平等”或“女性赋权”这两个词。相反，她只是向人们解释关注性别差异能带来的影响。“你不能一上来就谈自己关心的事，”哈文说，“没人会感兴趣。你得知道这些人对成功的定义是什么，害怕在哪里跌倒，只有知道这些，你才能帮他们达成愿望。”

基金会在稳步前进，但我还是嫌它太慢。在基金会提到性别议题时，大家依然会放低声音，有时甚至是耳语，仿佛并不想站出来。我看到，就连一些最坚定的倡导者都万分小心，在会议上只提建议，不求结果，时刻克制，不让自己大声说出心中的真理。

在一段令人饱受折磨的漫长时间里，我无法按自己的心意助他们一臂之力。我在观察，但还没有做好准备。时候未到，基金会还不成熟，我使用数据还不够熟练，也没有时间接手一个全新的大型项目——当时我一心扑在自主计划生育项目上。我有三个孩子，还在自己的婚姻中争取平等。我面临的阻碍实在太多。随后，我等到了那一刻，时机终于成熟，我也做好了准备。我有信念、有经验，也掌握了数据。基金会有人手。因此，我决定为《科学》（*Science*）杂志2014年9月刊撰写一篇文章，阐述基金会在性别平等方面的承诺。

在文中，我承认，基金会将性别平等纳入总体策略的时间相对较晚，“因而错失了一些扩大影响的机会”。从现在起，基金会将“把女人与女孩作为全球发展计划的中心”，因为“如果不能系统地介入性别不平等问题，满足项目所在国女性和女孩的具体需求，我们就无法实现既定目标”。

这篇文章为基金会的合作伙伴、创始人及相关各方而写。最重要的是，我想向比尔与梅琳达·盖茨基金会的每位员工传达这个信息。我感到有必要在公开场合大声地宣布我们促进性别平等的策略和首要任务。迄今为止，这是我为转变基金会的重心与侧重点采取的最有力的举措。我们该从地下室搬出来了。

彼此鼓舞

《科学》杂志那篇文章发表六个月后，我去印度东部的贾坎德邦（Jharkhand）参观基金会捐助的一个名为普拉丹（PRADAN）的机构，在基金会认识到女性对农业生产的巨大作用之后，普拉丹是我们投资的首批机构之一。

20世纪80年代，在普拉丹成立初期，它的领导者并没有将女性赋权作为工作重点。他们是在工作中逐渐认识到这一点的。

普拉丹意即“回报社会”，秉持这种精神，他们派出一批极富奉献精神的年轻员工，让他们走访贫困乡村，了解村民的需求。新员工们来到村庄，震惊于当地男性对女性的压迫。丈夫会殴打未经允许就出门的妻子，而所有人——包括女人——都认为这无可厚非。自然，女人在村里毫无地位：没有资源、没有银行账户、没有储蓄，也无法贷款。

因此，普拉丹的领导者开始与丈夫们交涉，为妻子们争取了十到十五分钟时间，让她们可以组成小组，交流农业知识。而丈夫们得到的好处是“如果你让妻子参加这些小组，她就能提高你家的收入”。于是女人们开始定期会面，一起攒钱，谁需要资金就向小组贷款。一旦筹集到一定数额的资金，小组就会与商业银行联系。这为许多人解决了农业生产中的资金问题。很快，女人们就提出想接受男人们享受的那种培训。她们学会了筛选种子，种出了能喂饱全家的粮食，还能卖掉多余的部分，储备足够的食物，熬过歉收季节。

这就是女性农业互助小组的一些背景，因此，参加她们的会议之前，我已经做好了被震撼的准备，尽管如此，小组长的话依然令我万分惊讶。她说：“请那些加入互助小组前粮食就够全家人吃一整年的人举手。”

没有一个人举手。

接着，她说：“去年有余粮的人请举手。”

几乎所有人都举起了手。

赋权的形式多种多样。当农业知识、资金支持逐渐改变了女性的生活，她们又转向更多领域，打响了新的战斗。我去的那天，她们正争取改善道路，净化饮水。最近她们刚向当地政府提交了申请，请求修建村里的第一批厕所。她们还开展了一项运动，设法解决村里的酗酒问题。她们号召男人们戒酒，要求政府官员严格执法，甚至帮助售酒的女人另谋生路。

赋权还有另一个标志，那就是女人们的言谈举止。每每见到深受性别偏见压迫的女性，我时常能从她们的眼神中看出端倪，其中一些人甚至不敢看我。要克服长期以来的逆来顺受并不容易，而参加互助小组的女人就有截然不同的姿态。她们站得笔直，声音响亮。她们不怕提问，也踊跃地与我分享她们的知识、见解和需求。她们都是女性权利的倡导者，每个人都具有那种风度，她们得到了提升。

普拉丹采取的路线对基金会的战略至关重要。我们帮女性找到那些能提出种植建议，并帮助她们迈向市场的人。我们为她们带来金融服务，让她们可以存款、贷款。女性的收入全部进入自己的账户，所以她们赚得更多，也攒得更多。这让她们也更受丈夫尊重，逐渐改变了家庭的权力结构。

自从我为《科学》杂志撰写那篇文章后，我们就一直在推动这方面的工作，为这个目标改变了基金会。我们聘请了性别问题专家，开始收集反映女人、女孩生活状况的数据，确保重要指标都能得到衡量。我们还资助普拉丹这样的机构，支持他们采取意图明确的公开手段为女性赋权。渐渐地，将女性和女孩作为战略重点的效果开始日益明显。

帕特里西亚的突破

对圣诞节当天还在地里播种的帕特里西亚而言，情况也有了改善，她加入的互助小组也为她注入了力量。请允许我把她的故事讲完。

帕特里西亚参加的是国际救助贫困组织（CARE）的路径（Pathways）项目，他们不但向农民传授农业知识，还在农民当中倡导性别平等。工作人员让帕特里西亚劝丈夫也来参加，他居然同意了，这让她又是惊喜又是感动。在一堂课上，工作人员请帕特里西亚和丈夫重现他们平时的生活情景，但必须互换角色——妻子扮演丈夫，丈夫充当妻子，形式类似于我在《无偿劳动》一章中描述的那种练习。帕特里西亚可以使唤丈夫，像他平时使唤她那样："去做这个，做那个，做这个！"而她丈夫必须言听计从，任劳任怨。

这场练习点醒了丈夫。从课堂出来，他告诉帕特里西亚，他发现自己过去从没把她当伴侣看待。在另一次练习中，他们把家庭预算画成一棵树，树根代表收入，树枝代表支出，然后他们一起探讨哪些根须应该巩固，哪些树枝可以剪去。在讨论帕特里西亚种地的收入时，他们谈到了她所需的农具，开始商量是不是应该把它提上日程。

帕特里西亚告诉我，这些练习改变了她的婚姻。丈夫开始听取她的意见，跟她一起努力提高土地产量。不久，一个机会从天而降，回报了他们所有的努力。

由于担心女性偏好种植的作物缺少优质种子，“路径”开始与当地研究机构共同培育产量更高、抗病虫害能力更强的花生种子。他们开发出一种优质产品，但数量太少，难以满足本地女性农民需求。所以，他们必须先找一批农民用这些种子栽种植株，培育更多的种子。只有种子数量成倍增长，达到足够出售的水平，他们才能把它卖给更多农民。

这个过程被称为“育种”，与一般农业生产相比需要更加专注、更加用心。只有最优秀的农民才能获得育种资格，帕特里西亚就是其中之一。我问她如何在种植中达到育种计划的极高要求，她回答：“现在我有丈夫的支持。”

这位丈夫同意与帕特里西亚一起贷款，购买改良的种子。那正是帕特里西亚圣诞节播撒的种子。我见到她时，她已经完成了第一次收割。那半英亩土地产量惊人，收获的种子不但可以向别的农民出售，还够她下一季种满整整两英亩[1]，那是她去年播种量的四倍。这次丰收不但保证了她家的食物供应，而且带来了可观的收入，现在，她不但付得起孩子们的学费，还买得起煮

1　1英亩约为4047平方米。

饭用的锅！

写进法律的歧视

农业生产并非经济活动中唯一受性别偏见掣肘的领域。世界银行最近发表的一份报告显示，性别歧视几乎存在于每个国家的法律中。

在俄罗斯，女性不得从事的工作有 456 种，因为人们认为这些工种过于繁重和危险，不适合女性从事。随便举几个例子，女性不能当木匠、专职司机和船长。世界上有 104 个国家以法律形式将女性排除在某些职业之外。

在也门，女人未经丈夫允许不得出门。全球有 17 个国家制定了限制女性行动自由的法律，限定了女性在外活动的时间和形式。

斯里兰卡规定在商店工作的女性晚上十点之前必须下班。全球有 29 个国家限制了女性的劳动时间。在赤道几内亚，女性签订合同必须经过丈夫允许。在乍得、尼日尔和几内亚比绍，女性开设银行账户必须征求丈夫同意。

在利比里亚，丈夫去世后，女性无权继承家产。妻子本身也被视为丈夫的财产，在某些农村地区，人们甚至认为“财产无权占有财产”。全球有 36 个国家限制了妻子继承丈夫财产的权利。

在突尼斯，如果一个家庭有一儿一女，那么儿子继承的财产将是女儿的两倍。在全球有 39 个国家，女孩无法享有与男孩同等的继承权。

在匈牙利，男性高管的平均工资比同级别女性高出三分之一，而这并不违法。世界上有 113 个国家没有颁布保障男女同工同酬的法律。

在喀麦隆，妻子要想赚取额外收入必须征得丈夫同意。如果他不同意，她就无权合法地从事家庭之外的工作。在全球有 18 个国家，男性可以合法地禁止妻子工作。

最后，体现性别歧视积重难返的不仅是这些排斥女性的法律，还有保护女性的法律长期缺位。在美国，没有任何法律保障产妇的带薪产假。在世界范围内，有 7 个国家不保障产妇带薪休假的权利。当然，在理想情况下，家庭成员遇到任何重大健康问题都应该享受带薪休假，初为人父的男性也应该享受陪产假。产假和陪产假的缺位是个尴尬的信号，表明这个社会并不重视家庭的价值，也不愿意倾听女性的心声。

性别偏见让世界蒙受损失，导致农业生产效率低下，带来贫困和疾病。一切压制女性的社会传统都以它为核心。那么现在，了解到它的危害，也明确了战胜它的好处之后，我们该如何与它抗争呢？

我们应该逐一改变每条法律、每个行业、每一个人吗？对此我想说，“以上全选”。而且，除了消除对女性的蔑视，我们还应该找到蔑视背后的深层原因，并对它斩草除根。

追溯性别歧视的源头

依偎在母亲怀中吃奶的男婴并不会蔑视女性，那么这种观念究竟从何而来呢？

如果宗教完全由男性把持，蔑视女性的情况就会加剧。

实际上，我此前提到的一些法律就直接来自宗教经典，因而更难撤销。如果倡导平等被斥为渎神，那人们就无法公平地进行政治辩论。

尽管如此，我见过的对男性把持宗教最有力的批判，却来自一位笃信宗教的男性。吉米·卡特在《行动呼吁：女性、宗教、暴力与权力》（*A Call to Action : Women，Religion，Violence，and Power*）中认为，对女性的剥夺与虐待是“最严重却最被低估的全球挑战”，矛头直指男性对宗教经典的曲解。

别忘了，卡特一生都是热情而虔诚的浸礼会信徒，自 1981 年起就进入佐治亚州普莱恩市的基督再临浸礼会教堂，在主日学校授课。近四十年来，他领导卡特中心（Carter Center）挽救生命、开疆拓土。他的工作证明，坚定的信仰能激发善行。因此，卡特下面这段话尤其值得注意：

“这个（充满歧视）的体系建立在一个假设之上，那就是男人和男孩优于女人和女孩，这个假设得到了某些男性宗教领袖的支持，他们曲解《圣经》《古兰经》和其他一些宗教经典，坚称女性天生低于男性，没有资格与男性共同侍奉神祇。许多男性对此并不赞同，却缄口不言，只因为不愿放弃支配权带来的种种好处。在世俗和宗教生活中的每个领域，这个虚假的前提几乎都能为性别歧视开脱。”

几个世纪以来，信徒们都在教堂里聆听女性“没有资格与男性共同侍奉神祇”之类的教诲。我们无法估量这种灌输对女性的形象造成了怎样的损害。

我坚信，因为男性把持的宗教蔑视女性，所以才会出现压制女性的法律和习俗。这并不意外，歧视女性或许是人类最古老的偏见之一，教会不仅是最古老的机构，而且改变起来比任何机构都更缓慢、更艰难，因而更容易抱残守缺。

我所在的教会禁止人们使用现代避孕药具，而这道禁令本身只是冰山一角，它背后还隐藏着一个最根本的问题：女性禁止成为教士。如果女性能成为教士、主教、红衣主教和教皇，教会绝不会颁布当前这道针对避孕措施的禁令。同理心不允许他们这样做。

如果神职人员清一色是未婚男性，我们就不能指望他们会设身处地地为女性和家庭着想，站在已婚角度、女性角度或育儿角度思考问题，而这一切最终的结果，就是男性制定了伤害女性的规则。将负担推卸给“他者”，是对决策者永恒的诱惑，正因如此，如果一个社会允许“他者”参与规则制定，而不是在一旁坐视别人决定自己的命运，那么这个社会就更有可能支持平等。

天主教会宣称耶稣在最后的晚餐上挑选的使徒均为男性，因此教职是男性的专利。他们想以此拒绝讨论女性教士问题。但我们轻易就能指出，耶稣复活之后首先在一个女人面前显灵，并吩咐她把这个消息告诉男人们，因此只有女性才能将喜报带给男人。

解读可以是多种多样的，教会却表示，禁止女性担任教职是一项“惯例”。一个以爱为己任的机构竟将女性排除在管理层之外，这是莫大的讽刺。即使抛开这点不谈，那些大权在握的男性以规则保全男性的统治，也从未质疑过自己的动机，这实在令人沮丧。

他们的辩解在几世纪前或许还有一定的迷惑性，如今，男权社会已经被撕下了伪装。我们能看到问题的实质。教会的力量部分来自上帝，部分来自男性——排斥女性的那部分就来自男性。

今天，人们对男性把持宗教提出了道德考问，其中最尖锐的问题之一，就是他们还要以上帝的名义维护男权统治到什么时候。

我所从事的慈善工作并不直接鼓励女性在宗教界发声，然而，鉴于男性把持宗教有百害而无一利——进步宗教领袖的呼声则有百利而无一弊——我必须赞扬那些在宗教界挑战男性垄断地位、帮助女性放大声量的女人。

女性无法靠单打独斗赢得胜利，她们需要男性同盟。对他者的每一次接纳，都离不开体制内部的活动家由内而外的努力。她们深知这一点，因此，她们在每种偏向男性的宗教中都提出了一连串令男性如坐针毡的问题。谁愿意与女性并肩作战？谁又会为维护规则而保持沉默，即便明知它们是错误的？

我曾与一些天主教神职人员交流，他们中不少人都支持任命女性神职人员。与此同时，正统教会坚决反对这种做法。这让我相信，在某些情况下，一些机构的道德水准或许低于各分支的总和。

这一章从农业生产中的性别问题开始，却在宗教讨论中结束，这或许会令一些读者困惑不解。对剥夺女性权利的传统追根溯源，是我们的责任。全世界都有一些女性在设法重塑信仰，争夺由男性独占的阐释经文的权力。她们所做的一切，是对社会公正、经济平等最杰出的贡献。她们开辟了新的战场。我们应该向这些女性和她们的男性同盟，尤其是那些在古老机构内部推动变革的男性，致以最诚挚的谢意和最崇高的敬意。

08 第八章

营造全新的文化

职场中的女性

文化阻碍让男性在工作中也很难做到自然真实。因此，女人按自己的方式工作，改善的是男性和女性共同的工作环境。

在创造一种更有利于女性发展的文化时，我们还面临一个巨大的阻碍。研究表明，女性比男性更容易自我怀疑，时常低估自己的能力，而男性常常高估自己。完美主义意味着隐藏真实的自我。那是一种自我伪装，因为我想给一些人留下印象，又怕他们觉得我不如他们想象中聪明有趣。这种心理，源自一种不想辜负他人的迫切愿望。

我在慈善工作中的一大重点，就是帮助女性及其家庭摆脱贫困，因为我认为这能带来最大的推动力。我希望所有女性都能发展潜能、发挥才干、走向成功。性别平等能让所有女性受益，这无关她们的教育水平、社会地位和人生成就，在家庭和工作中均是如此。

职场中的女性是个宽泛的话题。关于它的演讲和文字汗牛充栋，我们很难一览它的全貌，但我们大都对这个问题有所了解，因为它就是我们自己的亲身经历。在此，我想分享我在自己熟悉的职场和行业中工作的经历，从中提取一些普遍经验，勾勒出职业领域的未来，希望女性从此不必再改变个性、牺牲梦想，能以最本真的面貌迈向成功。我会把重点放在我在微软工作的那段时光，因为我即将分享的昔日的那些故事，塑造了我对职场的看法，同时也因为科技行业对未来的影响力无可比拟。

对我的职业生涯影响最大的人之一，是一位与我只有一面之缘的女性。从杜克大学毕业前那个春假，我飞回家乡达拉斯，去 IBM 公司参加面试。在读本科和研究生期间，我有好几个暑假都在那里实习。我跟一个女人约好见面，如果我接受 IBM 的全职工作，她就会成为我的老板，那正是我当时的打算。

她在办公室热情地接待了我，请我坐下。短暂的寒暄之后，她问我是否愿意接受这份工作。我带着比想象中略为紧张的语气说："其实我还有个面试，那家公司在西雅图，是家小软件公司。"她问我愿不愿意透露那家公司的名字，我回答："微软。"随即解释说自己还是打算接受 IBM 的工作，但她打断了我："如果你被微软录用，那你一定要去。"

我听了目瞪口呆。要知道，她把整个职业生涯都献给了 IBM。所以我不得不问："您为什么这么说？"她说："那里的上升空间会大得不可想象。IBM 是一家伟大的公司，但微软会飞速成长。我觉得你很有天分，如果我没有看错，那么作为女性，你在那儿会飞速进步。换作我，要是被他们录取，我一定会接受那份工作。"

这是我生命中决定性的一刻，也是我热衷于鼓励女性进入科技行业的原因之一，我想回报那些慷慨的导师与楷模。

我飞往西雅图面试，依然确信自己会接受 IBM 的工作。随后，我在微软见到一些人。其中一位男士尤其令我印象深刻，接待我时，他手持鼓棒，面试时全程都在打鼓——在桌上、在墙上、在办公室的每个角落。他不是只在女性面前这样做，他在任何时候都是如此。为了盖过鼓声，我不得不提高音量，其实他听得十分认真。我觉得这很好玩，甚至有些特立独行。只有工作无可挑剔的人才有资格特立独行，而我见到的每个人看上去都无可挑剔。

我喜欢这里的节奏和氛围。每个人都对自己的工作充满热情，听他们谈论各自的项目，我仿佛看到了未来。大学时我写过不少代码，也很喜欢这行，但对我而言，那些东西与微软相比完全是小巫见大巫。我的感觉，就像少年女子足球队选手遇上了参加世界杯的美国女足国家队。我喜欢听他们谈论有多少人在用他们的产品、他们接下来要做什么、他们如何改变了世界。

那天晚些时候，我给爸妈打电话说："我的天哪，这家公司录用我了，我准备接受。因为我根本没法拒绝。"

接着我就跟朋友们去加州度春假了，与此同时，我父母跑到图书馆查阅资料，想知道这家名叫微软的公司是什么来头。本来，得知我可能回达拉斯工作，我父母高兴极了，不过他们也总是鼓励我追随机遇与冒险。他们自己就是这么做的。在此，我想花点时间讲讲他们的故事，包括他们如何相遇、如何教会我追求梦想。

我父母都生长在新奥尔良。我祖父开了家机修店，那是 20 世纪 40 年代，他主要为战争供应机器零件。机修店是全家唯一的收入来源，祖父母根本无力供我爸上大学。幸运的是，爸爸的中学是一所由基督教兄弟会开办的天主教学校，那里的一位基督教兄弟成了他的导师，那位基督教兄弟总是不断对他说："你一定要上大学。"基督教兄弟的话在我祖父母心中很有分量。于是，爸爸高中毕业那年秋天，祖父母就把他送上火车，让他揣着送报纸挣的钱和一罐花生酱去亚特兰大的佐治亚理工学院报到。

一进大学，爸爸就在一家航天企业找到了一份工作，开始一边在亚特兰大学习，一边在达拉斯上班。他就这样供自己读完了大学，最终进入参与阿波罗项目的 LTV 航空航天公司（LTV Aerospace）。

结束了在佐治亚理工的第一学年，我爸回新奥尔良过圣诞。两位多明我会修女感觉他过节期间或许需要一个女伴，玛丽·玛格德琳·洛平托修女是爸爸的一位师长，高中时经常给他介绍暑期兼职；玛丽·安妮·麦克斯韦尼修女是我妈妈的姨母。（她是我一位重要的长辈，我小时候管她叫"大姨婆"。她教我识字，我记得小时候还穿过她的修女长袍！）这两位修女是挚友，得知我爸最近两次失恋都是因为女友要加入修会，她们乐不可支。我的姨婆玛丽·安妮修女跟好友说起我妈妈，她上过两年制预修班高中，曾是候选修女。两位修女当即认定，她就是最适合我爸的人选。

玛丽·玛格德琳修女打电话告诉我爸："你把两任女友都送进了修道院，现在也没女朋友了。所以我们想派你去一栋房子，就在南吉诺瓦士街上，那儿有个叫伊莱恩的女孩，她之前进过修道院，现在又出来了，所以你不会再像前两次那样失去她了。”

于是我爸就来到南吉诺瓦士街，见到了我妈。

我妈说：“她们打电话问我愿不愿意跟这个不认识的小伙子约会，我就想，能让修女推荐的人肯定不至于太坏。”

几天后，他们约在“总统号”（The President）上见面，那是一艘多层的大型轮船，船尾装有明轮，终日在密西西比河上往返。约会想必非常顺利，因为爸爸读大学那五年，他们始终在一起。毕业后，我爸拿到了奖学金，可以去斯坦福大学攻读机械工程硕士学位，于是他们就结了婚，一起开车去了加利福尼亚。我那个从没上过大学的妈妈在门洛帕克[1]的一家公司干起了行政助理，用自己的薪水支撑起两个人的生活。他们搬回达拉斯时，妈妈怀上了第一个孩子，也就是我姐姐苏珊。爸爸立刻投入阿波罗项目的工作中，当时 NASA（美国国家航空航天局）正争分夺秒，想早日把人类送上月球。妈妈说，她记得爸爸几乎是每天二十四小时，连续工作七天。有时他去上班，三天后才回来，累了就在办公室的沙发上打个盹儿。

所以，家里的重担全都落在了妈妈身上。她操持家务，抚养四个孩子。后来，为了让孩子们考上哪所大学都读得起，我父母又做起了住宅地产投资生意，所以我妈妈白天还得照看生意。毫

1 Menlo Park，是美国旧金山湾区东南部的一座城市，市内著名街道沙丘路（Sand Hill Road），是硅谷不少风投公司的所在地，著名的 Facebook（脸书）总部也建在这里。——编者注

无疑问，在傍晚和周末，我爸爸也出了不少力，但开始做生意之后，我妈妈每天要干的活儿简直多得让人不敢相信。我难以想象她怎么应付得过来。（现在我意识到，尽管妈妈承担的育儿和家务工作也很辛苦，但真正让我父母在婚姻中趋向平等的，是他们合伙经营的房地产生意。）

根据自己的经验，我爸妈知道机遇对人有巨大诱惑。他们在图书馆查了资料，决定支持我搬到西雅图。这时，妈妈在家里接到了微软人力专员打来的电话。我那个身高只有五英尺[1]的小个子妈妈操着甜美的南方口音，很不恰当地说："噢，求你了，能不能告诉我你们准不准备录取梅琳达？"人力专员回答："呃，这个，我恐怕不能说。"于是她加大了魅力攻势，又问了一遍。对方让步了："好吧，我们准备录用她。"我妈妈听了，就在一张便笺纸上记下一些具体信息（后来她把那张便笺纸保存起来，我现在还留着），给远在加州的我打电话。我一接到她的电话，就打给微软，接受了这份工作。

我简直欣喜若狂！

几个月后，我飞到西雅图参加新公司的入职培训。我是微软首期 MBA 班的学员之一，公司让我们十个人到办公室参观，看自己想加入哪个团队。我们的第一堂课是在会议室上的，还是公司最大的会议室；当时公司就是这么小，规模还不足今天的 1%。

1　约 1.52 米。

我环顾四周，发现桌边全是男性。这似乎并不奇怪，我是计算机专业出身，早就习惯了房间里全是男人。随后，应用营销部的副总裁走进会议室，他讲话时，我旁边那位与我同龄、刚从斯坦福商学院毕业的男生与这位副总裁展开了激烈的辩论。那可不是单纯的热烈讨论，而是一场剑拔弩张、不断升级的对峙，几乎是在争吵。我默默地想，哇，要想在这儿干得好，难道就得这样？！

我花了好几年才找到这个问题的答案。

一投入工作，我立刻就意识到 IBM 那位前辈是对的。微软给我的机会是我在任何别的公司都得不到的。入职刚刚三周，二十二岁的我就飞往纽约参加一场会议，而且是作为会议的组织者。我还从没去过纽约，连出租车都没拦过！

在微软，每个人都是如此。后来我们总拿这一点打趣，但在当时，其实这让我们相当害怕。一位朋友告诉我，一天他的经理走过来说："你去研究一下高教[1]。"我朋友说："什么意思？什么叫高教？"经理听了就说："什么什么意思？哪儿不明白？"这里没人会手把手地教你。我们在攀登一座高山，却没有地图，或者毋宁说我们是在修筑这座高山，却没有图纸。而且，看到我们的软件能为人们带来这么多帮助，每个人都兴奋极了。

客户也像我们一样兴奋，机会滚滚而来。我从最初的微软

1 原文为 higher ed，是 higher education（高等教育）的简写形式。

Word 产品经理成为部门产品经理，负责一系列产品，后来又成了营销经理，负责推广更多产品（顺便说一句，“产品”是我们内部对软件的称谓）。再后来，我又成了部门营销经理。这时，我想把精力更多地放在产品开发，而不是营销方面，所以我就成了微软 Publisher 产品的部门经理，负责安排开发一款产品涉及的所有工作，包括测试和研发。接下来发生的事一定会让你大跌眼镜，在如此年轻时得到这么多机会，就难免犯错，而我的确一点没浪费这犯错的机会！我成了微软 Bob 产品的部门经理。（什么？你根本不记得 Bob 了？！）我们本希望利用 Bob 提高视窗系统的用户体验，它却彻底失败。科技评论界恶评如潮。我们此前已经发布了这款产品，也知道它尚未亮相就遭到了批评。因此，演示会那天，我穿着一件 T 恤登上讲台，前面印着“MICROSOFT BOB”，后面印了一头怒目圆睁的斗牛。我成了靶子，被批得体无完肤。然而，代表失败的产品出现在公众面前是一种宝贵的经验，具有难以估量的价值（公司里流传着一个玩笑：不遭遇第一次重大挫折，你就别想升职。虽然也不尽然，但在艰难时刻，这的确是很好的慰藉）。

幸运的是，我其他的失误大都没有这么高曝光度，也没这么痛苦，但每一次犯错都有它的作用。有一次，我一步错步步错，最终竟动用了超出自己权限的花销。哎呀！这可不是一个上课坐在前排、成绩名列前茅、笃信天主教的乖乖女该干的事，更何况，在这个男性主导的公司，这个女孩还是初来乍到。我不仅遭到上级的批评，还被上级的上级责怪。我解释说自己事先向行政部门咨询过业务流程，但没人在意，没人有那个时间。

不久，我又跟这位上级一起开会。他向我抛出一连串关于新产品定价的问题，其中有个数字我却答不上来——这个数字就是我们的销货成本，它非常重要，每个产品经理都应该了然于心。最大的问题并不在于我不知道这个数据，而在于这说明我并不了解客户，不知道他们愿意为这款产品付多少钱。这让我明白我必须熟记所有关键数据，更应该知道它们如何得出、为什么重要。

那次会议之后，我想，天哪，估计我完蛋了。他可是这块业务的最高主管。而我是这里为数不多的女性之一，况且我刚搞砸了费用报表，这次又犯了错。记得当时，我甚至问过几个人："我还能重获他的信任吗？"这花了我不少时间，后来，我成功地修复了与他的关系，工作也更加出色。要不是那次费用控制失误，又没说出那个数字，我不可能达到这个水平。没有什么比失误更能让我专注了。

所有这些经历与机遇，让我明白 IBM 那位经理为什么会劝我接受这份工作。它令人兴奋，给人挑战，让我学到了许多。但我总觉得哪里不对。入职一年半后，我开始考虑辞职。

不是因为工作无聊或缺乏机会，这些方面都棒极了。问题在于企业文化。在这里，大家都太急躁、太爱争论、太好胜了，争论时，人人都誓死捍卫自己的每一个观点、每一项数据。几乎每次会议，无论多么随意，都像在演练跟比尔一起做的战略评估。如果你不竭尽全力据理力争，人们就会认为你要么不懂业务，要么不够聪明，要么就是缺乏工作热情。你必须证明自己的实力，而争论是唯一的方式。我们从不互相道谢，也从不彼此夸奖。项目完成后，我们也很少花时间庆祝。就连公司最优秀的经理之一离职时，也只发了封邮件告诉大家他要离开。没有欢送会，也没有集体道别，这太奇怪了。我们忙碌的日子飞速向前，他的离开，只是路上一个不起眼的减速带。当时，这就是在微软脱颖而出的标准，而且这种观念十分盛行。我不是做不到，也的确做到过，但这耗尽了我的精力，我厌倦了无休止的争辩。或许我应该去麦肯锡，我告诉自己。作为一家顶尖咨询公司，麦肯锡出了名地严格，但跟我当时身处的环境相比，只是小巫见大巫。接受微软这份工作前，我去麦肯锡面试过，他们后来又给我打过几次电话，问我对现在的工作是否满意。所以有好几个月，我都在酝酿这个逃离计划，却始终没能下定决心，因为我热爱现在的工作。我喜欢开发产品，喜欢走在时代尖端，喜欢比用户更了解他们的需求，因为我们能预见科技的发展趋势，而且正把它变为现实。

实际上，我喜欢微软的使命和愿景，所以我告诉自己：“在离开这家了不起的公司之前，我或许应该看看企业文化强调的那些东西——捍卫自己、博闻强识、能言善辩——我是不是都能做到，但要用我自己的方式。”之前我并没有忠于自己的风格，而是在模仿公司里那些在我看来出类拔萃的男人。所以，下面这个问题顿悟般闯入我的脑海：我能既待在公司，又做我自己吗？依然坚强无畏，同时也敢于表达自己的想法，坦然接受真实的自我——承认自己的错误和缺点，而不是假装所向无敌、从不犯错，最重要的是，我必须找到志同道合的伙伴。这些，我能做到吗？我给自己打气："你不是公司唯一的女员工，也肯定不是唯一为融入集体而戴上假面的人。"于是，我开始寻找那些跟我一样不欣赏这种文化的男男女女。

许久以后，我才悟出其中的悖论：我拼命想融入，却只是助长了那种令我感觉格格不入的文化。

营造自己的文化

我开始有意接近公司里的女性，为我想要的风格寻找支持。其中我最依赖的朋友，就是夏洛特·盖曼（Charlotte Guyman）。我和夏洛特差不多是在我入职微软八周时认识的。我对我们认识的那天印象深刻，因为就在同一天，我也第一次见到了未来的公公。我们当时都在旧金山参加美国律师协会大会，微软在会场设了个展台，夏洛特和我都被安排在那儿演示微软 Word。

我们来自不同的团队，却有着一个共同的目标，那就是设法让微软 Word 打入律政市场。那是我们的竞争对手 WordPerfect 的地盘，他们的市场占有率达到 95%。夏洛特隶属新成立的渠道营销部门，负责针对特定客群（譬如这次就是律师）销售我们所有的产品。而我是负责 Word 的产品经理，致力于将这款产品推向所有人群。所以，夏洛特和我是从两个不同的方向追求同一个目标。这在一些人那里或许会变成一场较量，但在夏洛特和我身上没有。我们一得知要与对方共同承担这项任务，就开始开诚布公地沟通：这个我来，那个你来，还有一个我们一起完成。我们配合得天衣无缝，因为两个人都期盼着同样的结果，也不在乎谁会占去功劳，我们只希望微软能赢。

我先来到公司的展台，开始忙前忙后，因为我特别喜欢做 Word 演示。随后夏洛特来了，我俩都精力充沛、精神抖擞。我听过一个说法，遇到真正的好朋友时，你一眼就能认出她。我跟夏洛特就是这样，堪称一拍即合。我们愉快地轮流演示，观察对方的风格，学到了很多。那天晚些时候，我们在大厅里看见了比尔的爸爸。他并不难找，因为他足有六英尺七英寸[1]高。他径直向我走来，我为他做了演示。他快活得出人意料，我没想到他竟这么平易近人，还特别照顾别人的感受。（那时比尔和我还没开始约会，所以我根本不知道这次见面意味着什么！）

总而言之，这是美妙的一天，跟夏洛特在一起时总是这样。回首过去，我发现，我为改善工作环境而做出的尝试，最终目的是跟每个人合作时都能像跟夏洛特在一起时那样，张开双臂，敞

1　约 2 米。

开心扉。

（夏洛特不仅赞赏我向往的那种工作氛围，而且对当时的企业文化颇有微词。她有一次说过："女人不能在公司流泪，男人却可以在公司大呼小叫。这两种情绪反应哪种才更成熟？"）

渐渐地，我摸到了在微软文化中保持本色的窍门。我找到一群认同我的工作理念的女同事和志同道合的男同事。其中最重要的一位男性朋友就是我之前提到过的约翰·尼尔森。他是我最亲密的挚友之一，去世时还不满四十岁。1993年我跟比尔第一次去非洲时，他和艾米就与我们同行。我们对那次旅行有着一致的感受，就像我们对许许多多事物一样。我们都喜欢与人交往，而且或许都被同事评价为"敏感"，在融入微软文化，同时设法为它注入一丝同理心的过程中，我们建立了深厚的友谊。约翰是我坚实的后盾，但愿我对他也是。"男性同盟"（male ally）专指为女性权利奔走疾呼的男性，多年后，当我第一次听到这个词，我立刻想到：这就是约翰。

与公司里的女性共同营造我们自己的文化，为我带来了意想不到的收获。夏洛特成了我一生的挚友。约翰和艾米·尼尔森成了比尔和我最好的朋友。随后，夏洛特介绍我认识了基利安，那时她刚从华盛顿特区搬到西雅图。后来，她在2003年创办了康复咖啡馆。基利安对社区生活与灵性生活充满热情。信仰让她愿意去温暖那些遭到排斥的人，而她为这份信仰注入的活力，比我认识的任何人都多。基利安来到西雅图后，敦促我们四个开启了那场期盼已久的讨论：“好，现在你们已经满足了物质需求，那么接下来呢？我们还能做些什么？我们擅长解决世界上的哪类需求？我们该如何用生命去构筑一个更加包容的人类大家庭？”

每周一早上送完孩子，夏洛特、艾米、基利安和我就开始一起慢跑。随后我们决定让另一些朋友也加入进来，她们清一色都是女性，这样可以稍稍扩大我们这个带有灵性生活色彩的小团体。我们九个人在每月的第二个周三聚会，迄今为止已坚持了近二十年。我们在聚会上读书，分享旅行，探索践行信仰的路径。我们的周一慢跑四人组也依然如故，尽管现在，我们更多的是散步而不是跑步。千万别细想这意味着什么！

我结交的每位朋友都帮助我改变了职场文化，要问我在什么时候取得决定性突破，终于在微软亮出了本色，那一定是我在帕蒂·斯通斯弗麾下工作的那段时间，她也是我的良师和榜样。（我之前提到过，帕蒂深受比尔和我的信赖与尊敬，因此我们才会在她离开微软之际询问她是否愿意出任基金会的首席执行官，她欣然接受，并在这个岗位上工作了十年。）在微软创立早期，帕蒂是一颗耀眼的明星。她很有自己的风格，人人都争先恐后地与她合作。她团队里的员工都不想离开，因为他们在她那里能得到支持。在帕蒂面前，我们可以毫不避讳地谈论公司的优势与软肋，讨论公司在发展具有挑战性的新业务时遇到的困难。没有人知道这些问题的答案，如果我们假装知道，就不会实现进步。我们必须勇于尝试，毙掉那些失败的项目，尝试新的方法。我们开始培植另一种微软文化，其实它一直存在，只是现在得到了强调：我们必须学会说“我错了”。能承认自己的弱点与错误，又不必担心它们被人利用，这种感觉棒极了。

在帕蒂手下，我逐渐发展出自己的风格，不再为融入集体而压抑自我。我就是在这时意识到真诚自然与干练高效并不冲突，我可以二者兼顾。我尝试得越多，效果就越好。这连我自己都没料到。后来我一步步晋升，最终管理着 1700 名员工（我刚进微软时，公司总共只有 1400 名员工，而到 1996 年我离开时，员工总数达到两万人），为团队争取到了来自全公司的优秀软件开发人员，其中许多人都为微软效力多年。因此人们会问：“你是怎么争取到那些明星的？”我想说，我能争取到他们，是因为他们认同我的工作理念。

我之所以有胆量尝试，是因为见证了帕蒂的成功，这就是榜样的力量。她鼓励我以本色示人，尽管她可能并不知道自己对我有这样的影响。没有帕蒂，我绝不可能达成自己订立的目标，当时不可能，日后也绝不可能。

或许命运就是这么爱开玩笑，就在我重新发掘自我时，我与当年入职培训中那位跟副总裁唱反调的斯坦福毕业生成了朋友。一天晚上，我们跟一群朋友吃饭，我在饭桌上问他：“你还记得当年你在 MBA 培训中跟副总裁干了一仗吗？我简直不敢相信那就是你。现在我更了解你了，感觉那根本不像你的风格。”

他的脸一下子红到了脖子根，窘得想找个地缝钻进去。随后他说："我也不敢相信你竟然还记得。其实是这样，入职一周前，商学院有位组织行为学教授说我不够自信，鼓励我大胆一点。所以我就找了个机会试试。"

这又给我上了一课。文化阻碍让男性在工作中也很难做到自然真实。因此，女人按自己的方式工作，改善的是男性和女性共同的工作环境。

在同辈、导师和榜样的帮助下，我形成了自己的风格，找到了自己的声音，这就是我在微软改变自身处境的故事。如何在一种强调强悍进取的文化中取得成功，"做自己"这个答案听上去似乎有些矫情，实际上它一点也不矫情。它意味着拒绝为融入而戴上假面具，意味着以自己的方式展示才能、彰显价值、表达观点，意味着捍卫自己的权利，始终维护自己的尊严。这本身就是一种力量。

当心，人不可貌相

如今，离我初入微软的那段日子已经过去三十多年。如果一定要概括我在微软工作的经历，那就是我遇到了一位女上司，得到了她的支持，在一种结果导向型的文化中发展出自己的工作方式，出色地完成了工作，一步步走上高位。如果没有同事的支持、上司的鼓励，如果我只是单打独斗，那我绝不可能成功。今天，每位女性都应该得到我二十多年前在微软赢得的支持。即使在这个飞速发展的时代，许多女性得到的依然只有打击。我想与你分享这样一个故事。

在那之前，我必须坦承自己的担忧。既讲自己的故事又讲别人的故事，会带来一个潜在风险：让读者误以为我的故事与别人的故事有着同样的分量。我想，要避免这种风险，最好的办法就是直截了当地说明：我在本书中提到的人物面临的问题都比我严重得多，因此我才把他们写进书中，他们都是我的英雄。我所做的只是从微软的文化中突围，让自己更上一层楼，而这些女性必须经受工作中的煎熬，并幸存下来。我不会将这两者混为一谈。对无数职业女性而言，“做自己”是一项极为艰巨的挑战，远远胜过我在微软面对的困难。

我要讲述的这个故事同样发生在科技行业，却与我的截然不同。

苏珊·福勒（Susan Fowler）2016年加入优步（Uber）时，她的顶头上司给她发了好几条消息，劝她跟自己上床。她一看到这些消息就知道，这人要倒霉了。她把对话截屏，上报人力部门，结果发现倒霉的人是她自己。人力和管理层告诉她，此人“工作表现突出”，况又是初犯（实际上并不是），因此，苏珊有两个选择：要么换组；要么继续留下，从她举报的人那里得到一份极差的工作评价。

苏珊成长于亚利桑那农村，是家中的七个孩子之一。母亲是全职主妇，父亲是牧师，工作日就看守公用电话。她在家中接受教育，因此，到了十六岁，她只得硬着头皮给各个大学打电话，询问入学需要准备哪些资料。她一边帮人看孩子，一边在马场帮忙，同时弄清了参加ACT[1]和SAT[2]考试的方法，又向亚利桑那州提交了一份她的阅读书单。他们给了她全额奖学金。

苏珊最终转入宾夕法尼亚大学哲学系，同时开始选修更多的自然科学课程，不过学校的行政部门不希望她选物理学，因为她的数学只达到小学六年级水平。她给校长写了封信，反问："您不是在演讲中说过，宾大的使命就是帮助我们成就梦想吗？"苏珊得到了校长的支持，开始自己补习落下的数学课程，最终选修了研究生的物理课。

优步雇用的就是这样一位女性。而她的上级中有一些人想欺压她，哄骗她，压制她捍卫自我的努力，但他们没有得逞。对此，苏珊的态度就像她后来对《纽约时报》的莫琳·多德（Maureen Dowd）说的那样："不行。你们想都别想。"

苏珊换了组，在优步遇到了一份喜欢的新工作，业绩表现也无可挑剔。随后，苏珊的新上司开始背地里给她负面评价，因为他必须在组里象征性地保留几名女员工，而有了负面评价，她就

---

1 全称"American College Test"，中文名称为"美国大学入学考试"。它是美国大学本科的入学条件之一，也是奖学金发放的重要依据之一，由ACT INC主办。

2 SAT是由美国大学委员会（College Board）主办的考试，其成绩是世界各国高中生申请美国大学入学资格及奖学金的重要参考，它和ACT都被称为美国高考。

无法得到晋升，也就无法离开这个组。她对评价提出质疑，但没人作任何解释。负面评价不仅让她得不到想要的工作机会，而且影响了她的奖金和税后工资，更导致她没资格获得优步提供的奖学金，无法去斯坦福攻读一个她喜欢的研究生项目。

自那之后，苏珊每次遭遇性别歧视都会上报人力部门。最终，她的上司威胁要开除她。而且苏珊和公司里别的女同事经常遭到无端的轻视，譬如公司为全体男员工定制了皮夹克，但女员工没有，对此，公司的解释是优步女员工太少，定制无法享受批量折扣。

与此同时，公司里的女性也纷纷离职，苏珊所在部门的女性比例从 25% 降至 6%。她询问公司打算如何应对女性数量急剧减少的问题，得到的回答却是优步的女员工“应该提高自己，成为更好的软件工程师”。

苏珊跟人力部门最后几次会面时，一位代表问她有没有想过问题或许出在她自己身上。

苏珊决定离开优步，不出一个星期就被别的公司录用了。离开后，她又面临一个选择。她是应该把那一切抛诸脑后，还是公之于众？她知道，如果公开揭发性骚扰行为，别人的眼光就会伴随她一生，这让她顾虑重重。但她也知道，在优步，许多女性都有过类似的经历，自己站出来就是替她们发声。

苏珊选择了“不行。你们想都别想”。她写了一篇 3000 字的博客文章讲述这一年来的遭遇。文章一发布就被疯狂转载。第二天，优步就聘请前司法部部长埃里克·霍尔德（Eric Holder）来展开调查。霍尔德提交调查报告后，优步的首席执行官被迫引咎辞职，另有二十名员工被解雇。很快，更多从事科技行业的女性站了出来，更多人被解雇了，新的规则得以实施。正如一篇报道的标题指出的那样：苏珊·福勒揭露优步的博文打响了对抗硅谷性别歧视的全新战争。

几个月后，战火烧到科技圈之外，蔓延到其他行业。哈维·韦恩斯坦（Harvey Weinstein）的丑闻曝光了。全国各地的女性开始在 MeToo 话题下分享自己被性侵、性骚扰的遭遇。这次运动以女性社会活动家塔拉纳·伯克（Tarana Burke）的名句"我也是"(Me Too）为口号，在社交媒体上广泛传播——塔拉纳 2006 年创立了一个性侵幸存者社群，在其中使用了这句话。短短二十四小时内，仅脸书上就出现了 1.2 亿篇跟帖。

2017 年年底，苏珊与另一些知名女性一起，作为 MeToo 运动的代表登上了《时代》杂志，成为年度人物。杂志称她们为"打破沉默的女人"。

这些站出来发声的女性值得赞赏，值得更多女性效仿。同时，我们也必须支持蓝领女性和从事服务行业的女性。她们终日为生计疲于奔命，接触不到社交网络，侵犯她们的人也没有名气，媒体对她们的故事缺乏关注。她们应该如何回击？我们应该怎么帮助她们？每位站出来的女性都代表一场胜利，只是，有些女性至今依然沉默无声，我们必须设法与她们分享胜利的果实。

怎么回事？

这场 MeToo 运动，以及那些参与其中，从中涌现的女性与机构，为女性和男性赢得了重大胜利。这仅仅是开始。要想扩大并维持它的影响，我们就必须知道这一切是如何发生的。

这一切是怎么回事？变革为什么酝酿了这么长时间，为什么来得如此突然？这是因为，女人如果在另一个女人的故事中听到了自己的声音，她就会变得勇敢，单薄的声音就会变成合唱。在“他说对她说”的情形下，双方各执一词，女性无法获胜。如果是“他说对她们说”，事情就有机会真相大白，光明就会涌向暴行肆虐的角落。

到了 2017 年，施暴者依然在撒谎，但已经没人替他们辩护。他们无法掩盖事实，一切早已呈燎原之势。当女性意识到同情性侵幸存者的人越来越多，她们就开始大量倾吐深藏的故事，令施暴者无处遁形。

而姗姗来迟的变革一旦发生，便会势不可当。但是施暴者为什么能横行如此之久？其中的一个原因是我们女性在犹豫是否要站出来时，并不确定自己会不会得到支持。很多时候，只有许许多多女性手挽着手地挺身而出，另一些女性才能得到鼓舞，开口讲述。

认识比尔之前，我有过一段不健康的感情经历。那位男友也会鼓励我，但在另一些时候，他故意阻挠我进步。他不希望我掩盖他的光芒，看不到我作为一个女人也有自己的梦想、希望和天赋。他只是把我看作他人生中一颗有用的棋子，为我设立了一些他理想的标准，一旦我无法满足那种要求，他就会对我加以折磨。今天，看到女性被贬低或囿于某种特定角色，我总会特别愤怒，我相信这段经历正是原因之一。我在她们身上看到了自己。

跟他在一起时，我还非常年轻。在那个年纪，我很难找到自我，或发出自己的声音。我十分困惑，感觉糟糕透顶，却不明白原因。这段关系中并不缺乏鼓励，它们足以让我劝自己忘了那些折磨，打消离开的念头。回望过去，我意识到那时我失去了自己的声音，也失去了自信，我花了很多年才看清自己失去了什么，再把它们一件件找回来。

即使在分手后，我依然没有回过神来，完全不知道这一切究竟是怎么回事，直到我经历了一些健康的关系。我始终没能理解情感虐待那种可怕的力量，直到多年后，我参加了基督教女青年会（YWCA）的一次募捐活动，为一处女性及家庭庇护所募捐。一位女性穿着得体的蓝色职业套装，站上讲台讲述自己的故事，那是我第一次带着彻悟的心情对自己感叹："噢，天哪，这就是我的经历。"

我相信饱受虐待的女性或许会沉默一段时间，但绝不会放弃寻找那个绝佳的时机，让我们的讲述发挥最大的影响。2017 年，我们等到了这个时机。但我们不能仅仅局限于指认施虐者，还应该改变那种不健康的文化，是它纵容了施虐者的行为。

我认为，一切诉诸孤立与排斥的文化，都是纵容施虐者的文化。这样的文化总是效率低下，因为社会不能把精力全部集中在催人进步的事业上，而必须分出一部分精力去压制人。这就好比一种自体免疫的疾病，身体将自己的器官视作威胁，对它们进行攻击。这种文化最普遍的特征之一，就是有一套毫无依据的等级观念，将女性置于男性之下。实际上，有时情况甚至更糟，女性不仅地位低于男性，还被视作物品。

在全球的职场中，总有人想让女性感觉自己不够优秀或不够聪明。女性得到的报酬低于男性。有色人种女性得到的报酬更低。我们升职加薪的机会少于男性。我们得到的培训、指导和资助都比男性少，我们还比男性更容易被分割、被孤立。因此，女性往往要花很长时间才能意识到，遭到排斥不是我们自己的错，而是文化使然。

纵容施虐者的文化有一个标志，就是宣称被排斥的群体“不具备成功所需的能力”。简而言之：“要说我们这里的女工程师数量少，那是因为女性不适合当工程师。”令我匪夷所思的是，这种漏洞百出的说法竟如此广为流传。只有在机会均等的条件下，我们才能判断双方是否能力相当，而女性从未拥有过均等的机会。

一旦把后天匮乏视作先天不足，人们就开始阻挠女性走上关键岗位，这反过来又加深了那种将性别不平等归结为生理原因的偏见。先天论最险恶的一点，就是它会蓄意阻碍女性发展，并推卸男性的责任，让他们无须检视自己的动机和行为。就这样，性别偏见“制造证据”，向人们展示偏见造成的结果，却把原因归结为生理构造不同。这更助长了一种女性不愿参与的文化。

当男性制定规则

时至今日，女性在诸多领域依然面临不友好的文化环境，对此我深感失望。尤其令我难过的是，这些问题正阻碍女性进入高科技行业。这是个激动人心的行业。它妙趣横生，充满创新，回报丰厚，对未来有着不可估量的影响，新的机会层出不穷。而且还不仅如此。高科技行业依旧是全球最具影响力的行业，它正在塑造我们未来的生活。如果不能进入这个行业，女性就会失去影响力。

与我上大学时相比，计算机专业毕业生中的女性比例大幅下降。我 1987 年从杜克毕业时，美国有 35% 的计算机专业毕业生是女性。而今天，这个比例只有 19%。比例下降的原因可能有很多。其中一个原因，便是个人电脑进入美国家庭时，营销策略往往将它定位为男孩的游戏机，因此，男孩花在电脑上的时间更多，也比女孩更容易接触到电脑。电脑游戏行业兴起后，开发者制作了暴力的战争游戏，其中充斥着许多女性并不感兴趣的自动武器和炸弹，制造了一个男人为男人开发游戏的闭环。

另一个可能的原因是，在行业兴起之初，人们普遍认为程序员是那种不具备社交能力、缺乏兴趣爱好的人。这种看法是如此盛行，有些雇主甚至在招聘过程中专门寻找这样的人，他们“对人没有兴趣”，也不喜欢那些“需要跟人打交道的活动”。这种标准排除了许多女性。

最后，当编程最早还被视为一项比硬件工作轻松的文职时，管理者雇用和培训的都是女性——这表明在考虑谁更能胜任某项工作时，我们的文化存在偏见。当人们发现软件编程并不轻松，甚至十分复杂时，管理者就开始招募男性进行编程培训，而不是继续雇用和培训女性。

随着这个行业中男性人数不断上升，进入高科技产业的女性越来越少，女性因而越发难以在科技行业立足，以至于进入这个行业的女性进一步减少，整个行业完全被男性主导。

幸运的是，情况已经有了一些可喜的改变。那种把计算机科学变成男孩俱乐部的力量正在动摇，这个行业的人们正为扭转性别偏见付出更多努力。这些改变或许有望逐渐扭转趋势，将一切引向正确的方向。

我们面临的另一重挑战，是女性在风投领域占比过低，甚至低于计算机领域的女性比例。对处在创业初期的企业和那些没有能力向银行贷款的企业而言，风投是重要的资金来源。投资者为初创企业提供成长所需的资金，换取公司的股份。这能决定一家企业的成败。

女性在风投合伙人中仅占 2%，也只有 2% 的风投资金会流向女性发起的创业项目（由非裔女性创立的初创企业获得的风投资金，仅占投资总额的 0.2%）。从经济角度来看，这完全不合情理。女性能提出无数绝妙的创业构想，很多是男性不会想到的。只可惜人们做出投资决定时，问的并不是“谁的想法更棒？”

投资者在筛选初创企业时，往往缺乏数据，很难判断哪些项目容易成功，因此，投资者往往倾向于投资自己认识的人，也就是那些与他们同校或参加同一些活动的男人。这是一个由年轻男孩组成的“老男孩俱乐部”。2018 年，非裔风险投资人理查德·科尔比（Richard Kerby）随机询问了 1500 位投资者，结果发现他们中有 40% 毕业于斯坦福大学或哈佛大学。如果一个群体、一个行业的人员结构如此单一，有许多人来自同一所学校，那么人们就会倾向于投资同一个圈子里的人，最终投资了一连串高度同质化的公司。如果你想把资金投向圈外，公司和投资者都会认为那家公司可能不太“合适”。

正因如此，我才开始投资包括 Aspect Ventures 在内的风投基金，它们的投资对象包括女性和有色族裔主导的公司。我并不认为这属于慈善工作范畴。我期待良好的收益，也很有信心，因为女性会发掘男性看不到的市场机遇，而非裔、拉丁裔和亚裔女性更能看到被白人创业者忽视的市场。十年后，反观现在，我们一定会为资金竟然没有流向女性和有色族裔市场而感到匪夷所思。

性别与种族多样性是健康社会不可或缺的因素。如果某个族群排斥他人，独自决定社会应该追求什么、强调什么，那么这些决定只会反映这个族群的价值观、理念和盲点。

这个问题古已有之。前几年，我读了尤瓦尔·诺瓦·赫拉利的《人类简史》(*Sapiens: A Brief History of Humankind*)。这本书介绍了人类历史的方方面面，包括认知、农业和科学革命等。其中一个令我印象深刻的段落，是赫拉利对《汉谟拉比法典》(以下简称《法典》)的描述。那是一部刻在玄武岩柱上的法典，出自公元前1776年，数个世纪甚至数千年来，它对世界法律思想有着深远的影响。

赫拉利写道："《法典》将人分为两种性别和三个阶层：贵族、平民和奴隶。不同性别、不同阶层的人价值不同。女性平民的生命值三十锡克尔[1]银币，女性奴隶值二十锡克尔银币，而男性平民单是一只眼睛，就值六十锡克尔银币。"

男性平民一只眼睛的价值，相当于女性平民生命的两倍。《法典》还规定对奴隶犯罪的贵族可从轻处罚，而奴隶侵犯贵族从重处罚。它允许已婚男性发生婚外性行为，却禁止已婚女性有同样的行为。

这样的《法典》还能是谁制定的呢？当然是"贵族"男性。这些律法强化了他们的观念，反映了他们的利益，牺牲了那些他们所谓低等人的福祉。如果一个社会要实现男女平等，并宣称所有人无论种族、信仰，都享有同等的权利，那我们就必须让男性、女性和每个种族、每种信仰的人都参与制定法律。

这是一个决定性的论据，揭示了我们需要多样性的原因：多

---

1 锡克尔(shekel)是古巴比伦及希伯来的度量单位，约10克。

样性是平等最好的保障。如果决策由某个单一群体把持，那么社会的负担与福利就得不到公平公正的分配，规则的制定者必然会攫取大部分利益，承担较少责任。不能参与其中，就会被人出卖，你的生命就只值二十锡克尔银币。每个群体的利益只能由自己捍卫，每个人都应该为自己发声。

这正是我们在做出那些足以塑造文化的决策时，必须让所有人共同参与的原因，因为一旦涉及自己的利益，即便最优秀的人也难免一叶障目。如果你提倡平等，那你必须接受多样性，尤其是现在，科技界正为我们的计算机编写程序，设计人工智能。如今人工智能方兴未艾，我们还不知道它将来会应用于哪些场景——保健、战争、执法或企业管理，但它的影响必然是深远的，因此我们必须确保它遵从的规则足够公平。如果我们希望社会能体现同理心、团结和多样性的价值，那么规则的制定者就尤为重要。

乔伊·布兰威尼（Joy Buolamwini）是美国一位非裔计算机科学家，自称“代码诗人”。她做了一项揭露科技行业种族与性别歧视的研究，在媒体中引起了反响，我就是在那时听说了她的名字。几年前，她还是佐治亚理工学院的一名本科生。一次，在与一台社交型机器人互动时——跟它玩躲猫猫游戏，她发现机器人在某些光线条件下无法识别她的面孔。她用室友的面孔完成了作业，也没再多想，直到有一天，她去香港参观一家制造社交型机器人的初创公司时，竟发现那个机器人能识别所有人的面孔，除了她的，而她是唯一在场的黑人。随后，她发现这台机器人使用的面部识别程序与佐治亚理工学院那台机器人相同。

“带有偏见的算法，”乔伊说，“会大规模地传播偏见。”

后来，乔伊成为麻省理工学院新媒体实验室的研究员。她测试了来自 IBM、微软和中国企业旷视的面部识别程序，发现浅肤色男性被识别错误的概率不到 1%，而深肤色女性高达 35%。乔伊与这些公司分享了她的测试结果。微软和 IBM 表示他们已经在着手改进自己的面部识别程序，旷视则没有回应。

你只需仔细想想“识别”一词的种种含义[1]，就会对程序难以识别与其缔造者不同的面孔感到不寒而栗。未来某一天，程序会不会对某个软件机器人（agent）下达指令：“我们无法‘识别’此人，她不得登机，不得使用信用卡支付，不得取款，不得进入本国”？这些掺杂了编写者偏见的程序，会不会拒绝给某人贷款，或阻止某人置产？白人编写的软件会不会导致警方一边倒地逮捕黑人？这样一个充满偏见的未来令人恐惧，但这些只是我们能够预见的问题。那些我们无法预测的程序偏见又会带来什么样的后果呢？

乔伊说：“有道德的人工智能必然是包容的。”

---

1 Recognize 在英语中除代表“识别”外，也有辨认、认可、承认、接受、表彰之意。

在整个科技界，非裔女性仅占3%，拉美裔女性仅占1%。在科技界，女性员工占四分之一，但从事技术工作的仅有15%。这些比例低得危险，低得可耻。正因如此，我才如此热衷于鼓励女性和有色族裔女性进入高科技行业。这不仅因为高科技是全球最大的产业，或者因为未来十年，计算机行业将为全球创造超过50万个工作岗位，或者因为多样化的团队能打造更富创意、更有效率的产品。我之所以如此坚持，是因为从事这些工作的人将塑造未来，而未来应该由我们所有人共同决定。

我并不是指女性应该优先走上技术岗位而无须证明自己的实力。我想说的是，女性早已证明了自己，她们应该得到这些工作。

关于女性对科技行业的价值，我几乎都是从一位从事科技行业的男性那里听来的，他就是我的父亲。爸爸强烈支持女性学习数学和自然科学，不仅支持自己的女儿，也支持工作中的同事。我曾分享过自己与他和全家人一起观看火箭发射的难忘经历，更令我难忘的，是我童年时见过的、爸爸团队里的那些女同事。结束了阿波罗登月计划的工作，爸爸先后又参与了天空实验室计划（Skylab）、阿波罗—联盟测试计划（Apollo-Soyuz）、航天飞机计划、国际空间站计划等一系列项目。在这些项目中，他都十分注重招募女性。每次招到女数学家或女工程师，他回家都会激动地与我们分享。女性在这些领域凤毛麟角，他对我们说，而每次有女性加入，他的团队总会表现得更加出色。

早在20世纪六七十年代，我爸爸就看到了女性带来的附加价值。当时他并没有数据支持，但现在我们有了——多如牛毛，而且令人印象深刻。举个例子：2010 年一份关于集体智慧的研究表明，群体的智慧与三个因素相关：成员平均的社会敏感度、轮番贡献的能力和群体中的女性比例。至少有一名女性成员的团队在集体智慧测试中表现优于完全由男性组成的团队，而且性别多样性对集体智慧的影响，超过团队成员智商水平带来的影响。

性别多样性不仅对女性有益，也对所有务实的人有益。

需要，就说出来

我们需要一种全新的职场文化，让女性享有更多机会，提倡多样性，对性骚扰零容忍。那么，我们该如何打造这样一种文化呢？这不是一两句话就能回答的，总之，我相信重要的是，我们必须与朋友、同事携起手来，共同打造一个全新的文化社区——既认可现有文化提出的远大目标，又承认实现目标的途径不止一条。

可惜的是，在创造一种更有利于女性发展的文化时，我们还面临一个巨大的阻碍。研究表明，女性比男性更容易自我怀疑，时常低估自己的能力，而男性常常高估自己。

记者凯蒂·凯（Katty Kay）和克莱尔·希普曼（Claire Shipman）合写了一本书，名为《信心密码》（*The Confidence Code*）。在一次采访中，凯解释道："女性行动力之所以不如男性，是因为我们更不喜欢冒险，因为我们太惧怕失败了。女性似乎比男性更在乎失败。”在一个例子里，她们援引了惠普公司的一项人事评估记录，它显示女性只有在认为自己表现得无懈可击，达到满分时才会提出晋升要求，而男性在认为自己只要达到六十分标准就会提。

对于我们当中那些倾向于低估自己的女性，这种想法本身就是阻碍她们进步的因素之一，对此，排斥女性的男权文化难辞其咎。这种排斥往往是间接的，可能十分微妙而难以察觉。他们并不直接攻击女性，而是攻击女性身上那些对男性构成威胁的特质和个性。

另一项研究似乎也从不同方向佐证了这一观点。这项研究表明，女性之所以缄默，并非由于缺乏自信，而是仔细斟酌的结果。《大西洋月刊》2018年发表的一篇文章提到了一项研究，它认为较为自信的女性“只有同时表现出……惠及他人的意愿”，才会获得一定的权势。如果女性只表现出自信，却没展现出同理心或利他精神，她们就会面临“‘反冲效应’，即因打破既定的性别规范而遭到社会和业界的惩罚”。另一项研究指出，正是因为忌惮这种“反冲效应”，女性才不敢表达自己的主张。

无论造成女性不够果敢的原因是缺乏自信还是心有忌惮，总之，男性主导的文化都是造成上述问题的关键原因。社会赞赏那些要求不多、自我怀疑、毫无野心、遇事忍让、取悦讨好的女性。

这些预设的性别标准对我和我认识的许多女性都影响深远，因为它们培养的某些特质最终会导致完美主义倾向，即处处要求尽善尽美，以此弥补那种低人一等的感觉。我对此深有体会。一直以来，完美主义都是我的一大弱点。布琳 · 布朗（Brené Brown）这位微言大义的天才在她那本《脆弱的力量》（*Daring Greatly*）中精准地捕捉到完美主义者的思维模式："如果我外表完美无缺、做事天衣无缝，我就能减少或避开那些令人痛苦的感觉，譬如羞耻、被人评判和自责。"

这就是这个游戏的玩法，而我是玩家之一。

我的完美主义，在于总觉得自己知道得不够多，怕自己不够聪明、不够勤奋。每当我在会议上遭遇不同意见，或者要面向比我更了解某个领域的专家发言，完美主义就会让我备受折磨，而今天，这样的场合不胜枚举。一旦开始担心自己力不从心并陷入完美主义，我就会收集各种信息。我指的不是必要的准备工作，而是强迫症似的收集，总感觉自己什么都必须知道。如果我试着劝自己不必过度准备，另一个声音就会骂我懒惰。

我认为归根结底，完美主义意味着隐藏真实的自我。那是一种自我伪装，因为我想给一些人留下印象，又怕他们觉得我不如他们想象中聪明有趣。这种心理，源自一种不想辜负他人的迫切愿望，所以我才会过度准备。我还意识到一个奇怪的现象，每当我过度准备，我就不再听取别人的意见，我会不管不顾地照搬自己准备的内容，根本不看它是否符合实际情况。我错失了临场发挥的机会，也不善于应对意料之外的问题。我的心不在那里。那不是真正的我。

还记得几年前，在基金会的一次活动中，我的完美主义被点名批评。

当时，苏·戴斯蒙德-赫尔曼（Sue Desmond-Hellmann）是我们基金会的首席执行官，她是一位极有想法的科学家兼医生，一位富有创造力的领导者，特别喜欢督促比尔和我（还有她自己）。那天，她为基金会领导层安排了一场令人难堪的练习，她认为这样能联络领导层与员工之间的感情。我答应第一个上场。

我坐在椅子上，面对一台摄像机，（好让基金会全体员工稍后都能观看整个过程！）领到一沓倒扣的卡片，把它们一张张翻过来。每张卡上都有一句基金会员工对我的评价，都是他们不肯当面告诉我的。我要做的，就是读出卡片，给出回应，同时还得面对镜头，好让大家看到我的反应。这些内容非常大胆直白，尤其是最后一张。我翻开卡片，上面写着："你就像该死的玛丽·波平斯[1]——从头到脚都完美无缺！"

那天晚上，孩子们听了在餐桌上对我说："这一箭好痛！"

当时，我面对镜头哈哈大笑，或许是因为紧张，或许是因为这话实在大胆，又或许是因为我很高兴有人认为我无可挑剔。我边笑边说："真希望你知道我有多不完美。生活中，我在许多方面都混乱而懒散。但我总会整理好自己，带着最佳状态来上班，因

1　澳籍英裔作者 P. L. Travers 作品"玛丽·波平斯"（Mary Poppins）系列中的人物，是一位万能的魔法保姆。迪士尼曾将其改编为电影《欢乐满人间》。——编者注

为只有这样，我才能帮助别人以最佳状态投入工作。不过在容忍混乱方面，我的确应该更多地发挥带头作用，也许我应该让大家看到这样的我。”

这就是我当时的回答。回想起来，我意识到最好的自我，或许不该是修饰美化过的自我。最好的我，或许就是敢于坦承怀疑和焦虑、错误与失落的我。只有这样，员工们才会更坦然地接受自己混乱的一面，我们企业的文化才会更加友善。这想必就是那位员工想对我指出的。我必须继续与苏和其他同事并肩合作，为基金会营造一种健康的文化，让我们每个人都能在其中保持本色、发出声音。这个“我们”不是虚指，它的确包括我自己。如果我无法在自己掌管的机构中营造一种包容的文化，让全体男女员工都找到自己的声音，那我就不可能找到自己的声音。要成为他人的楷模，像从前的帕特、如今的苏对我的引导那样，我还有很长的路要走。我想创造一种理想的工作环境，让每个人都展现自己最富人性、最真实的一面——我们都尊重彼此的小怪癖和小缺点，把浪费在“追求完美”上的精力转化为工作中不可或缺的创造力。这样的文化氛围能卸下我们背负的沉重负担，提升每一个人。

事业与家庭可以兼得

对女性友善的工作环境不但能包容我们的瑕疵，更能适应我们的需求，尤其是人类最基本的相互照顾需求。

我们必须创造一个能与家庭生活并行不悖的职场。这需要自上而下的支持，或许再加上自下而上的助推。今天，职场上种种与员工生活息息相关的规则并不考虑员工工作之外的生活。这会把职场变成一个充满敌意的场合——因为它挑起了工作与家庭的矛盾，而你始终只能选择其一。

在当今的美国，我们的女儿踏入的，是为我们的父亲打造的职场，它默认员工都有一位伴侣在家负责诸如照顾家庭、操持家务一类的无偿劳动。即便在当时，这种假设也并非适用于每一个人。今天，几乎没人属于这种情况，只有一个显赫的群体除外。那些在社会上位高权重的男士一般的确有个不必外出工作的妻子，而这些男士并不能完全体会手下员工的疾苦。

截至 2017 年，美国在职员工中有一半是女性，拥有十八岁以下子女的美国女性中，有 70% 在工作，她们中有将近三分之一是单身母亲。

默认家中有主妇打理一切这种过时的假设，对单亲父母尤其残酷。这不仅是一个私人问题，更是全国乃至全球普遍存在的问题。在美国和全世界，人口老龄化都在加剧，而照护老人的任务一边倒地落在了女性身上，从而进一步加剧了无偿劳动带来的性别不平等。

在工作与家庭之间疲于奔命，会剥夺家庭生活的乐趣。我们希望雇主理解我们对家庭的责任，也希望我们能在家庭危难时得到雇主的体恤。

回顾我在微软的经理生涯，有太多自己本该做得更好把职场变得对家庭更加包容的时刻。作为上级，当时我在这方面做得不够理想，所以我希望读者不会介意下面我分享的一个正面例子。

将近三十年前的一天，我的团队里一位天赋异禀、已经追随我一两年的男员工来到我的办公室门外，探头进来，问我："你有时间吗？"

"当然有，"我说，"什么事？"

"我想说，我兄弟病得很重。"

"我很遗憾。能告诉我他得的是什么病吗？"

"艾滋病。"

这样直言不讳需要很大的勇气。那是在20世纪90年代初，人们对艾滋病还很无知，把它视作莫大的耻辱。我尽量对他表示同情，为自己无法多为他做些什么而坐立不安。他跟我聊了聊他兄弟，说完，他站起来告诉我："谢谢你愿意听。"然后就离开了。

有好几天，我都咀嚼着我们的对话，渐渐明白他为什么要向我倾诉。我之前说过，当时微软是一家特别鸡血的公司，氛围紧张，竞争激烈。很多人完全不休假，而且我们大多数人都没有结婚，几乎没人有孩子。我们处在短暂而了无牵挂的青年时代，家中没人需要我们，所以也没有什么能影响我们的工作。这个年轻人业绩又格外突出，所以我想，他一定非常担忧。他被夹在家庭与工作之间，两者都是他热爱的。我想，他之所以愿意告诉我实情，其实是希望在他遭遇变故、业绩下滑时，我不会因为他心系兄弟、想更多陪伴家人而怪罪他。

大概一周后，我在走廊上碰见他，让他来一趟我的办公室。他问："怎么了？我做错什么了吗？"我说："我在想，你一定要把重点放在我们今年的十大经销商身上。"当时，软件还需要通过零售店销售。他说："噢，当然，我正在做。这是我拟的名单。"他给我看了名单，他给每家经销商都排了名次。我看了看，说："我觉得你应该重点关注弗莱斯电子。"他说："噢，对，他们在前十名里。我已经在做了。"

他没懂我的意思，所以我又说："不是，我认为弗莱斯特别重要。我们必须与他们加强联系。需要出差的话你随时可以去，不必向我汇报。直接去就是了。"

在他的名单上，弗莱斯电子排名居中，业绩没有提高也没有下降，所以，我想他或许并不明白我为什么对它如此强调。随后，他恍然大悟，顿时热泪盈眶，点点头说："一定照办。谢谢你。"然后走出了办公室。

这件事我们没有再提。也无须再提。我们都知道这意味着什么。我们塑造了我们之间小小的文化。弗莱斯电子湾区，他兄弟就住在那里。我想让他知道他随时可以过去，不必担心工作。在这文化成为白纸黑字的规定之前，他和我就灵机一动，即兴发明了“带薪家事与医疗假”[1]。

有了带薪家事与医疗假，人们就能在遭遇变故时照顾家人、调养身体。我们不得不即兴发挥，因为当时公司还没有这项政策，整个美国也没有。现在公司有了这项政策，但国家依然没有。请允许我重申一个我曾在第七章提到的事实，一个我希望别人也能强调的事实，美国是全球仅有的七个没有带薪产假的国家之一，另外六个国家是巴布新几内亚、苏里南和几个岛国。这个令人震惊的证据表明，美国在考虑家庭需求方面远远落后于世界其他国家。

我支持带薪家事和医疗假制度，是因为它能带来广泛而持续的助益。很可惜，我们并不能用数据呈现带薪假给家庭带来的每种好处，不过其中一些是可以量化的。带薪产假能降低新生儿及婴儿死亡率，提高母乳喂养的比例，降低产后抑郁的发生率，提高父亲的积极性和参与度。生育时能享受带薪休假的女性，产后更倾向于继续工作，收入也更高。如果男性也能带薪休假，两个人就会分担家务和育儿工作，而且这种分工在夫妻双方返回工作岗位后会继续维持。

美国的职业文化存在种种问题，包括性骚扰、性别偏见和对

---

1 1993 年，美国联邦政府颁布了“家事与医疗休假法”，确保企业员工每年最多有十二周的无薪家事与医疗假。该法案并不强制雇主为使用该假的员工支付假期工资，但仍有部分企业实行带薪休假，即 paid family leave（PFL）。根据美国劳工部劳工统计局的数据，2018 年全美享受 PFL 的私营企业雇员比例为 17%。——编者注

家庭生活的普遍漠视。而带薪休假制度的缺位，正是这种文化的表现之一。所有这些问题都因为一个事实而愈演愈烈，那就是掌握权力的女性少之又少。男性主导的文化倾向于强调带薪休假的短期成本，淡化它带来的长期收益。尊重家庭义务的职场文化，能为个人带来诸多好处，而这些好处也能为社会带来经济效益。很可惜，这些效益无人计算，因为身居高位的女性凤毛麟角，塑造文化的权力完全落入男性手中，而他们往往无法像女性那样感知家庭的需求。

这是我们面临的一项巨大挑战。女性很难直接开口提出要求，无论是关于金钱、权力还是晋升。我们甚至很难说出我们需要更多时间陪伴家人。假装不需要这些的确比较轻松，如果我们对自己的需求感到羞耻，那种忽视我们需求的职场文化就会继续。这一切必须改变。要成就自己，我们必须一起站出来捍卫自己，向那种不肯满足我们的文化提出要求。唯有如此，我们才能营造一种能兼顾每位工作者需求的文化。

我们很容易批判在世界其他地方见到的性别不公。与此同时，我们也应该看到，性别不公就在我们身边，就在那个我们都能感受到它，能为消除它贡献力量的地方——那就是我们工作的地方。

第九章

拥抱心碎

凝聚使人向上

当身陷困境或与其他女性隔绝时，我们很难与暴力对抗，因为我们无法发出自己的声音。当女性走到一起，彼此接纳，讲述我们的故事，分享我们的痛苦，我们就能在彼此身上找到力量。我们将创造一种全新的文化，它不是任何人强加的结果，而是我们用自己的声音、自己的价值创造的崭新世界。

在前面的章节中，我曾提到自己去瑞典与汉斯·罗斯林话别。那么现在，在最后一章，我想告诉你那天他都说了什么。

那是 2016 年，身患癌症的汉斯已时日无多。他还在撰写一本书，他去世后，那本书最终由他的儿子和儿媳完成。我来到汉斯位于瑞典南部的家中，他和妻子阿格妮塔请我进去，在厨房落座，与他们共进早餐。汉斯和我都清楚，这就是我们最后一次见面了。

像往常一样，他这次也有话要对我说。那些话他过去都对我说过，但只有悟出真理的人，才会在人生即将落幕时不断重复自己。汉斯当然属于这样的人，他想最后一次向我传授人生经验。

他抽出一张纸铺在桌上，放在我们的盘子之间，然后说："梅琳达，如果你只记一句话，那一定要记住你必须走近那些处在社会边缘的人。"他拿出一支笔，画了两条垂直相交的道路，交点在纸张正中。接着，他在道路相交的位置画了一条河，说："如果你住在路口或者河边，那你就还好。要是你住在边缘”——说到这里，他又用笔标出纸张四角——“那世界就会把你忘记。”

“梅琳达，”他说，“别让他们被世界忘记。”

说这话时，他眼含热泪。这是他一生的热情、一生的执念，现在，他希望我能继承他的衣钵。

汉斯的地图揭示了贫困的地缘成因。极端贫困者往往生活在人迹罕至的地区，远离交通与贸易，而这些活动正是人与人之间的纽带。不过汉斯想必也会同意，贫困还存在一定的社会成因。居住在大城市的人同样可能与世隔绝，身处社会边缘。在此，我想带读者认识一群女性，她们都是来自印度的性工作者，处在绝对的社会边缘。这些女性证明，只要团结起来，女性就能超越我在书中列举的每种障碍，把河流移到自己身旁。

2001 年珍四岁、罗里一岁时，我第一次代表基金会访问亚洲。罗里还小，不会提问，但珍对这一切充满好奇。“妈妈要离开一周。”我说，接着一时语塞，不知该怎么跟一个四岁的孩子解释贫困与疾病。我想了想，向她透露了访问的一个环节：我要去看望一些可怜的孩子，他们无家可归，病了也没有药吃。“无家可归，那是什么意思？”珍问。我尽量用她容易接受的方式做了解释，然后就回房收拾行李。

几分钟后，珍抱着一大堆毯子跑进我的房间。“这是做什么用的呀？”我问。“这些是我特别准备的毯子，”珍说，“你可以带上，看那些小朋友需不需要。”我一再向她道谢，跟她一起把毯子装进行李箱。旅途中，我每次给家里打电话，珍都会问：“你见到那些小朋友了吗？他们喜欢我的毯子吗？你会把毯子送给他们吗？”

我真的把那些毯子送了出去，不过这次旅途给我的收获远远多于我的付出，尤其让我变得更加谦卑。在泰国，一个女人深深触动了我。她拥有约翰·霍普金斯大学的博士学位，是一位专攻艾滋病的流行病学专家。她花了好几天时间跟我一起走访各个村庄，谈论如何延缓艾滋病的蔓延。艾滋病是全球最严峻的健康问题，专家预计它会大面积暴发，仅在印度就将新增数千万感染者。那时我刚开始接触全球健康问题，也是第一次知道这些问题的存在。比尔和我都明白对抗艾滋病刻不容缓，却不知道该怎么做。我这次出差的目的，就是为了弄清我们能做些什么。

访问进入最后一天，我乘船横渡老挝与缅甸边境附近的一条河。这时，那位新朋友问我：“你在这里也待了好几天了，那我不妨问问你，如果你是个土生土长的本地女人，你愿意为养活孩子做些什么？牺牲到哪种程度？”

我被问得目瞪口呆，愣了好一会儿，想象着那种处境。好吧，我会去找一份工作。可我又没上过学，连字都不识。但我可以自学。可是书本又从哪儿来？况且我也不可能找到工作，因为我生活在偏远地区，压根儿没有工作机会。我还在考虑该怎么回答时，她就打断了我的思绪：“你知道我会怎么做吗？”我说：“不知道。你会怎么做？”她回答：“嗯，我已经在这儿生活了两年，很清楚自己有哪些选项。我会去当性工作者。要让孩子们吃饱饭，这是我唯一的办法。”

这番话令人震惊。回想旅途中的所见所闻，经过一番思考，我意识到不这么说或许更令人震惊。如果你说“噢，我绝不会那么做”，那就代表你宁愿让孩子们饿死，也不愿尽你所能去养活他们。而且否认还有另一重含义，那就是“我比这些人高尚”。我这位朋友在处理另一些健康危机的过程中与性工作者有过接触，因此在我听来，她的问题中略带质疑，它十分含蓄，却依然有力，她真正想问的是：“如果你自认高人一等，又怎么可能与她们成为合作伙伴呢？”

两年后，我们基金会在印度推出了一项主要依靠性工作者实施的艾滋病防治计划。我们称之为“阿瓦汉”（Avahan），这个梵语词意为“行动呼吁”。这项投入有极高的风险，不仅因为它关系到许多人的生命，更因为我们还不知道该怎么做。没人知道，这个项目在全球都是史无前例的：一个拥有超过10亿人口的国家面临一种致命疾病的威胁，为了消除这种疾病，项目组必须在这个种姓社会与最受人唾弃的群体全面合作。一般而言，我们首先会小规模试水，再慢慢把项目做大，但这个项目时间紧迫，我们必须一开始就保证规模。后来，这个旨在防治艾滋病在印度全境蔓延的计划，成为全球最大的艾滋病防治项目之一。

这个项目必须围绕性工作者展开，因为性交易是艾滋病传播的重要途径。如果某位艾滋病病毒携带者将病毒传染给性工作者，她就可能传染数百名客人，其中以卡车司机居多。随后，这些人又可能让妻子染病，而她或许会通过怀孕、分娩或哺乳传染给孩子。如果性工作者能说服客人使用安全套，她们的感染风险就会大幅降低，传播疾病的风险也是。这就是我们的策略——减少性工作者与客人之间无保护的性行为。策略再好，我们也必须解决另一个难题：怎样才能说服人们改变固有的习惯，采取新的做法？也正是这个问题成就了“阿瓦汉”的传奇，那是我听过的、最出人意料、最发人深省的故事之一，也让我学到了人生中重要的一课。

2004 年 1 月，我第二次来到印度，当时“阿瓦汉”项目推出还不满一年。这次与我同行的，都是我最亲密的女友，我们组成了一个灵修小组。我们想找地方祈祷和冥想，还想参观宗教场所，还希望了解当地有哪些济贫志愿活动，想利用有限的时间尽绵薄之力。

到了印度，我们在加尔各答住下，天不亮就起床徒步穿越城市，去参观仁爱传教修女会的仁爱之家，那是特蕾莎修女开始她慈善工作的地方。那里有一座小教堂，修女们每天早上会聚在里面祈祷，所以，尽管我们并不全是天主教徒，依然决定一起去小教堂听弥撒。一路上，无家可归者睡满街道，我们不得不从他们身上跨过。这场面实在令人心碎。换作特蕾莎修女，一定会停下来帮助他们。

在小教堂，我们见到了仁爱之家的志愿者。他们从世界各地赶来，只为在特蕾莎修女的一座仁爱之家服务一天。弥撒过后，我们走进孤儿院，在导览下进行参观。随后，我的朋友们留下来给工作人员帮忙，我单独去见几位性工作者，打算跟她们聊聊预防艾滋病的问题。

至少我以为那就是我们的话题。实际上，她们还想跟我聊聊羞耻感，分享她们生活的艰辛，她们还聊到了各自的孩子。一个名叫吉塔（Gita）的女人告诉我，她儿子今年上九年级，将来铁定能上大学。她还说她女儿成绩也很好，将来一定不会沦为性工作者，说着，她攥紧了拳头。吉塔和在座的不少女人明确表示，她们是为了养家糊口才沦为性工作者的。她们别无选择，但每个人都坚称，自己的女儿绝不会因为生活所迫而重蹈她们的覆辙。

谈话之外，吉塔和她的同伴让我印象最深的是她们无比渴望肢体接触。这里的居民不会碰触性工作者，只有性交时除外。无论出自哪个种姓，性工作者统统都是不可触碰的贱民。在她们眼中，触碰意味着接纳。所以与我拥抱时，她们都舍不得放开。在与男女性工作者的接触中，我一再碰到这种情况。我们聊天、合影、拥抱，然后他们久久不愿放开。我转向其他人时，他们会拉住我的衣服，或把手搭在我的肩头。一开始，这让我很不适应。后来，我欣然接受。要是他们想抱得久一点，那没问题，我完全愿意。

所以我那天拥抱了许多人，聆听了许多故事——关于强奸、虐待的可怕故事，还有孩子们充满希望的故事。见面临近尾声，女人们提出想跟我合影，于是我们就手挽手拍了一张合影（第二天它登上了报纸）。那个时刻令我情不自禁，泪水开始在眼眶里打转。这时，几个女人操着孟加拉口音，用英语唱起了民权运动的主题曲《我们必将胜利》（*We Shall Overcome*）。我顿时眼泪决堤，但竭力装作若无其事，因为我不知道她们会怎么看待我的泪水。对我而言，她们如此毅然决然，却又如此处境艰难，这样的反差既发人深省，又令人心碎。

这些女性都是我们的合作伙伴。她们战斗在印度的抗艾第一线，而我们至今无法完全理解她们面临的残酷生活。她们时刻面临情人或嫖客的暴力威胁，这些施暴者本身往往也是深陷贫困的社会边缘人。此外，警察也是施暴者之一，他们会骚扰性工作者，逮捕、抢劫甚至强奸她们。

就连我们的印度同事都无法想象那种残酷。一次，我们团队的同事和四位性工作者在一家餐厅喝茶聊天。当天晚些时候，这些性工作者就因为在公共场所聚众而被捕。

在那之后不久，阿瓦汉的一位工作人员驱车前往孟加拉湾附近的一条沿海公路。那里有个卡车停靠点，他能在那里了解到当地性工作者的生存现状。他跟几位性工作者聊了几个小时，一面跟她们一起坐在垫子上喝茶，一面了解项目进展，询问哪些方法更有效果，她们还有什么需求。随后，在大家起身告别时，一个性工作者突然哭了起来。这位工作人员以为自己哪句话冒犯了她，就问另一个女人："我说错什么了吗？"那女人说："没有，她没事。"后来他一再追问，她才说："她哭是因为你这样一位体面的男士居然专程赶来见她，还跟她礼貌地交谈，而不是花钱买春。有人愿意专程赶来，只为跟她一起喝茶，这对她是莫大的荣幸。”

另一个故事发生在我们的一位合作伙伴身上，这位女士曾为改善当地性工作者的生存状况做出了不懈努力。她告诉我们，有一次，一位罹患艾滋病的性工作者临终前问她：“您能实现我最后一个愿望吗？”“我一定尽力。”她回答。那位性工作者听了问：“我可以叫你阿埃吗？”在马拉地语里，阿埃是“母亲”的意思。这就是她唯一的心愿，她只想在临终前，管这个陪在她病榻前的好心人叫一声“母亲”。她们的生活就是如此悲惨。

赋权的开端

设计阿瓦汉项目时，我们并没考虑到性工作者的生存状况，也不认为有这个必要。我们只希望性工作者坚持让客人使用安全套，同时治疗性传播疾病，接受艾滋病病毒测试，以为这些好处就足以吸引她们参与。但这样做收效甚微，我们不明白原因。或许，我们从没想过她们的世界里还有比预防艾滋病更紧迫的事情。

“你们不用教我们怎么使用安全套。”她们几乎是笑着说，“这个我们可比你们懂。你们应该帮我们防止暴力侵害。”

“可这不是我们的工作啊。”我们的同事说。对此，性工作者回答：“哦，那我们对你说的那些没兴趣。我们只需要这个。”

我们的工作人员听了就开始商量对策。有人说：“我们要么找别的途径，要么就取消这个项目。”还有一些人说：“不能管，这会让我们偏离目标，我们没有这方面的专家，不该涉足这个领域。”

最终，团队再次找到那些性工作者，认真听她们讲述各自的生活，发现她们强调了两个重点：第一，防止暴力侵害是她们最首要、最迫切的需求；第二，由于担心遭到殴打，她们不愿使用安全套。

如果坚持要求客人使用安全套，这些女性可能会遭到殴打。要是被警察发现身上带着安全套，她们也可能挨打，因为那证明她们是性工作者。因此，为了避免被打，她们并不随身携带安全套。我们终于找到了防止暴力与预防艾滋病之间的关联。除非能解决眼前的暴力、抢劫和强奸问题，否则性工作者无法考虑相对遥远的艾滋病威胁。

因此，这次我们没说“这不归我们管”，而是说：“我们愿意帮你们避免暴力侵害。你们希望我们怎么做？”

她们说：“我们中肯定还会有人被警察强奸或殴打。这种事特别常见。要是每次发生这种事时都有十几个女人冲过来帮忙，警察就不敢再这么干了。”于是，我们的团队跟这些性工作者建立了一种警报机制。受到警察袭击时，女人们可以拨打一个三位号码，呼叫一台主机，随后，十二到十五个女人就会到警察局门口叫嚷，还会带来一位公益律师和一位媒体公关。如果十几个女人在警察局门口大喊：“放她走，否则这事明天见报！”，警察就会让步。他们会说："我们事先不知道。我们非常抱歉。"

这就是性工作者们的计划，她们也正是这么做的。她们建立了一个一键拨号网络，一旦有人触发警报，女人们就会火速赶到。这个方法极其奏效。一名性工作者说，自己一年前曾在一警察局遭到殴打和强奸。这个体系建立后，在同一警察局，警察居然给了她一把椅子和一杯茶。关于这个项目的消息不胫而走，附近一个城镇的性工作者纷纷找到我们说："我们也想要预防暴力的项目，不要那个预防艾滋病的。"很快，这个机制传遍了全印度。

这种做法为什么会如此有效？基金会当时的印度负责人阿肖克·亚历山大直截了当地指出："每个施暴的男人都害怕一群女人同时出现。"

就这样，一开始我们只想做一个艾滋病防治项目，却误打误撞地激发出一种更广泛、更强大的力量，那就是女性走到一起，发出自己的声音，捍卫自己的权利。在不知不觉中，我们已经开始支持女性赋权。

让女性聚到一起，是赋权的开端，无论场所多么简陋。阿瓦汉在社区中心开展活动——所谓社区中心，不过是一些煤渣砖修砌的小屋，通常只有一个房间，能供女人们聚会、交谈。这些女人根本没地方见面，如果她们在公共场合聚会，就会被警察围捕、收监。因此，我们的团队在围绕预防暴力调整项目时，就开始有意识地租赁场地，鼓励这些女性见面交流。社区中心成了她们获取帮助的场所。她们可以在那里领到安全套，还可以见面、小憩。

她们不能过夜，但白天，不少人都喜欢躺在地板上打个盹儿，任孩子们在身边跑来跑去。我们的团队还在一些地方开设了美容室、活动室，女人们可以在里面玩桌游。社区中心成了改变开始的地方。而这个设想，完全来自女人们自己。

第一家活动中心开门时，阿瓦汉的一位早期成员说这是“我见过最美好的事”。五个女人提心吊胆地走进来，担心有人给她们下药，再偷走她们的肾脏，外界有这种传言。相反，她们受到热情的欢迎，并被告知：“你们可以随意聊聊，喝几杯茶就走。”就这样，阿瓦汉的女性赋权之路开始。那些处在社会最边缘、遭到所有人排斥的人们聚到一起，喝茶谈天，互相鼓舞。

当时比尔和我已经知道项目转向了预防暴力，却对这些社区中心一无所知，现在想来，我依然会哑然失笑。阿肖克定期来西雅图向我们汇报项目进展，直到 2005 年亲自来到印度，比尔和我才看清项目的全貌。阿肖克给我们做了情况简报，提前介绍了参观内容，然后就提到这些社区中心，说这些小小的空间能供性工作者见面交流。我还记得简报结束后，我问比尔：“你知道咱们还资助社区中心吗？”他回答：“不知道。你知道吗？”

我们为阿肖克提供了资金，他是一位精明的商人，懂得制定一条路线，再一以贯之地执行。他总是言出必行，而且有些事他都不会挂在嘴上。这真是谢天谢地，不瞒你说，如果他在基金会演示资助社区中心的计划，多半会被我们否决。我们的使命是研发创新手段，交给别人去实施。资助社区中心似乎与这个宗旨有些南辕北辙。我们将基金会视为一家创新型慈善机构，并不负责项目落地，发放安全套已经大大偏离了我们的自我定位，更别提借助社区中心为女性赋权，从而预防暴力侵害了——这对我们而言实在太疯狂了，至少在来到印度实地看到它的效果之前，我们是这么想的。

那次，比尔和我见到了几位性工作者。那场活动的照片现在就挂在基金会办公室一个显著位置，照片上，比尔和我盘腿席地而坐，跟大家围成一圈。活动开始，我问其中一个女人："能讲讲你的故事吗？"她就分享了自己的经历。接着，另一个女人讲述了她干这一行的由来。随后，第三个女人也讲述了自己的故事，整个房间顿时鸦雀无声，只偶尔传出一两声啜泣。她说她曾是一位母亲，有过一个女儿，孩子没有父亲，而她别无选择，只能靠卖身维持生计。为了让女儿过上更好的生活，她什么都可以忍受。女儿在学校有许多朋友，成绩也很优秀。但做母亲的始终担心女儿长大后会发现她从事的是什么行当。一天，她的担心成了现实，女儿的一位同学当着全校同学的面宣称她母亲是性工作者，女孩的朋友们开始不断用残酷的方式恶意取笑她。几天后，这位母亲回家后，发现女儿自缢身亡。

我飞快地瞟了比尔一眼，发现他眼含热泪。我和在场的所有人也是——尤其是那些有类似经历的女人，这个故事又揭开了她们心中的创伤。这些女人生活在痛苦之中，与此同时，她们也能对彼此的痛苦感同身受，这消解了她们的孤独。聚在一起分享彼此的故事为她们带来一种归属感，而这种归属感又让她们看到了自己的价值，为她们赋予了携手抗争的勇气。她们不再是局外人，而是群体的一员。她们有了组织，有了家。而且，她们渐渐摆脱了社会强加给弱势者的错觉：她们无法享受权利，因为她们没有权利；她们说的不是事实，因为没人愿意倾听。

布琳·布朗说，勇气最根本的含义，就是敢于暴露自己。而我认为最纯粹的自我暴露，就是直接提出自己的需求，尤其是别人不愿满足的需求。这样的勇气总能让我陷入沉默。在彼此的帮助下，这些女人找到了这种勇气。

日后，阿瓦汉项目的影响远远超出了首批女性取得的成就。阿瓦汉的故事不仅反映了接纳与归属如何为社会边缘群体注入力量，更体现了这些社会边缘群体对国家的贡献。我想举两个例子。

多年前，差不多就在我和比尔那次印度之行前后，基金会也在寻找抗击艾滋病的手段。我们为一种新的可能兴奋不已——能够有效治疗艾滋病的药物，或许也可以用于预防艾滋病。我们资助了相关的药物测试，发现效果好得出奇：口服预防药物可以减少 90% 的性传播艾滋病病毒感染。艾滋病治疗领域最高的目标实现了。紧接着，它轰然坠地。

这种方法需要健康人每天服药，而高风险群体根本做不到。无论药物多么有效，想让人们养成一种新的健康习惯总是难上加难。他们必须产生参与感，还必须获取足够的信息，受到强烈的激励。遗憾的是，艾滋病活动人士、捐助人、政府和卫生保健工作者就是无法说服人们服药。全世界能做到每天服药的只有两个群体：美国的白人男同性恋者……和印度的女性性工作者。

一项研究表明，94% 的印度性工作者忠实地坚持服药。在全球卫生保健领域，这种配合度简直闻所未闻。研究报告认为，这应该归功于阿瓦汉项目中联系紧密的女性网络。

这是第一个例子。下面我再举第二个例子。2011 年，英国医学期刊《柳叶刀》发表的一篇文章显示，在印度人口最稠密的几个邦，阿瓦汉活动越频繁，HIV 的感染率就越低。自那之后，有记录显示，由于性工作者在交易过程中坚持要求使用安全套，艾滋病才没有在更大范围内蔓延。这项全国计划拯救了数百万人的生命，它的成功离不开这些获得了力量的女性。

既然这个国家没人愿意触碰她们，这些女人就触碰彼此，有了这个宽容的小群体，她们开始尊重自己，重获尊严。有了尊严，她们就开始争取权利，而主张权利，让她们得到了健康，为国家避免了一场灾难。

找到我们的声音

十多年前，我在纽约主持了一场关于女性社会运动的主题讨论。当时，在阿瓦汉项目的引导下，我刚刚走上女性赋权之路。我们的嘉宾之一是了不起的莱伊曼·古博韦（Leymah Gbowee），

2011年，她与埃伦·约翰逊·瑟利夫（Ellen Johnson Sirleaf）和塔瓦库勒·卡曼（Tawakkol Karman）同时荣获了诺贝尔和平奖。莱伊曼的主要成就是与埃伦一同发起了一项妇女和平运动，加速了利比里亚内战的终结。

我发现有时在工作中，我并不能看到真正发挥作用的是哪些力量，即使我当时很有把握——往往只有工作结束后才会恍然大悟。经过一段时间，有时甚至是在几年后，我会回望这段时光，告诉自己："噢！我明白了。"那天，莱伊曼就让我豁然开朗，不仅帮我深入理解了她所倡导的和平运动，更让我看到她所遵循的原则，也能解释阿瓦汉和更多运动的成功。

莱伊曼告诉我，利比里亚经历了两次内战，其中第一次爆发时，她还是利比里亚一位十七岁的少女。第一次内战结束之后，在两次内战之间，她开始学习如何促进和平、治愈创伤，并逐渐意识到"改变社会的重任，必须交给母亲"。

她受邀前往加纳，参加女性促进和平网络（Women in Peacebuilding Network）召开的第一次大会，与会女性几乎来自所有西非国家。莱伊曼被任命为协调员，负责倡导利比里亚的女性和平运动。第二次内战爆发后，她开始夜以继日地为和平奔走。一天晚上，她又在办公室睡着了，梦见有人对她说："把女人们召集起来，祈祷和平。"

她开始为和平运动招募女性，星期五去清真寺，星期六去市场，星期天去教堂。她召集了成千上万名女穆斯林和女基督徒，带领她们发起示威和静坐，无视政府要求她们解散的命令。最终，她在数千名女性的簇拥下被请进总统府，与利比里亚总统查尔斯·泰勒（Charles Taylor）会谈，当面向他提出和平诉求。泰勒无奈承诺将在加纳首都阿克拉与反政府武装进行和谈。

为了向政府持续施压，莱伊曼带领数千名女性来到阿克拉，在举行谈判的酒店外示威。谈判陷入僵局时，莱伊曼首先率数十名女性进入酒店，随后另一些女性也陆续进入。最终，进入酒店的女性达到两百人。她们坐在会议厅门外，请会议主持者给谈判桌上的男人们带话：不达成和平协议就不准离开。

会议的主持者，尼日利亚前总统阿卜杜勒萨拉米·阿布巴卡尔（Abdusalami Abubakar）为女人们的行动提供了支持，允许她们坐在会议厅外向与会者施压。在这些女性活动家的努力下，和平谈判“由漫不经心变为郑重”。几周后，各方就达成一致，战争正式结束。

两年后，埃伦·约翰逊·瑟利夫（Ellen Johnson Sirleaf）被选为利比里亚总统，成为非洲国家首位女性领导人。

多年后，在纽约见到莱伊曼时，我问她那次运动为何如此成功。她回答：“在这些国家，我们女性哺育了社会。因此，改变它也是我们的职责。”

她说到，在 2003 年利比里亚已经“经历了十四次激烈的派系斗争，其中十三次达成了和平协议。我们告诉自己：‘男人们总是重蹈覆辙。我们必须在纷争中注入一丝理性。与其发起由女性领导的派系斗争，不如发起一场由女性领导的和平运动’。”

随后，她讲述了一个惊人的故事，阐释了这句话的内涵。

“有个穆斯林女人在战争中失去了女儿，”莱伊曼讲道，“她也加入了我们的运动。一次，她给一名身中数枪的士兵喂食，对方认出了她，就说：‘扶我起来。’于是她扶起那人。‘你女儿在哪儿？’那人问。‘噢，她死了。’她说。士兵说：‘我知道。’她说：‘你怎么会知道？’那人说：‘因为是我杀了她。’

“她哭着回到办公室，我们见了，就问：‘你是不是停下来不再喂他了？’她说：‘没有。这不就是和平的含义吗？况且当时，我立刻就想到，我还可以回到姐妹们身边，跟你们一起哭泣。’”

为什么女性的活动带来了和平，而男性的纷争带来了战争？莱伊曼的故事做出了解释。女性受到伤害时懂得消解痛苦，不去迁怒他人。但男人受伤时，必须让某人付出代价。冤冤相报就是战争无法终结的原因。

当然，我并不是说只有女性才能带来和平，男性只会引起战争，绝对不是。我指的是在这些故事中，女人们能够消解痛苦，不去迁怒，而男人们却没做到这一点——直到被女性说服！当女性找到自己的声音，男性也学会了握手言和。双方都在自己身上找到了对方的内在特质。男性也能像女性那样，承诺不去互相报复；而女性也能像男性那样，对社会治理发表意见。正是这两种特质的融合，带来了和平。

很多成功的社会运动背后都有类似的结合——那就是强有力

的行动加上不转嫁痛苦的能力。只要能将这两者合二为一，任何人都能发出充满精神感召力的声音。

莱伊曼那位回到姐妹身边哭泣的朋友和每一位接纳而非转嫁痛苦的女性所做的，不仅是分享内心的伤痛，更是找到自己的声音——因为悲伤会将她们的声音淹没。直面伤痛，能让我们找到自己的声音，而与人分享能让我们更加从容地面对痛苦、发出声音。

当身陷困境或与其他女性隔绝时，我们很难与暴力对抗，因为我们无法发出自己的声音。当女性走到一起，彼此接纳，讲述我们的故事，分享我们的痛苦，我们就能在彼此身上找到力量。我们将创造一种全新的文化，它不是任何人强加的结果，而是我们用自己的声音、自己的价值创造的崭新世界。

第一次发现直面痛苦能提高我们的声量时，我的反应是不会吧。如果只有面对痛苦才能发出自己的声音，那为什么惯于转嫁痛苦的人总是声如洪钟？随后我恍然大悟：声如洪钟并不代表有力。一个人如果缺乏自省，从不正视自己的痛苦，那么他纵然声音再大，也不可能表达公正，只会诉说私心、支配和仇恨。男性为争取自由与尊严的最强音来自甘地、马丁·路德·金和曼德拉这样的人，他们都能主宰自己的痛苦，懂得摒弃仇恨，弘扬宽恕。

纳尔逊·曼德拉出狱后，有人曾问他是否憎恨逮捕他的人。他说是的，他恨过，渐渐地，他意识到，如果始终心怀愤怒，那他就是永远的囚徒，而他想得到自由。

我并不想原谅那些虐待女人和女孩的男人，那会感觉像放他们一马。我不希望他们逃脱罪责。我完全赞成采取一切手段保护无辜，包括逮捕作恶之人，实施惩罚，等等。但惩罚并不等于复仇。

戴斯蒙德·图图是真相与和解委员会（Truth and Reconciliation Commission）主席，曾在后种族隔离时代让南非免于被仇恨撕裂。他提出一个避免复仇的方法："当我深受伤害，当我身处痛苦，当我对加害者充满愤怒，但我始终知道，要化解这种感觉，唯一的办法就是接纳它。"

天主教社会活动家多萝西·戴伊曾以非暴力手段救助穷人及无家可归者，她说自己面临的最大挑战，就是"如何给他们带去内心的变革"。从全世界投身社会活动的女性身上，我看到，要成就内心的变革，你必须首先拥抱自己的心碎，沉入愤怒之下那层痛苦。《圣经》说"不要与恶人作对"[1]。这就是我对这句箴言的理解。我认为这句话并不是要我们"把世界让给恶人"，而是"不要抗拒感受，要去接纳痛苦"。如果不去接纳痛苦，伤痛就会化为仇恨。这正是基督的一生向我揭示的真理。大祭司们为了击溃他，想尽办法折磨他、羞辱他。但他们都失败了。他接纳痛苦的能力超过了他们制造痛苦的能力，所以，他能用爱去回应他们的

---

1 出自《圣经·马太福音》5 : 39。

仇恨。

我认为这就是一切非暴力运动的原型，无论是在宗教界还是世俗世界。对抗拒最有力的回应，就是接纳，当然，接纳并不意味着不加批判地全盘接受。接纳，是指接受我们真实的痛苦。如果不去接纳，我们就只会设法释放痛苦，而这一旦成为我们行动背后的动机，我们就会打着正义的旗号，制造无尽的灾难。真正伟大的领袖呼唤正义时从不掺杂仇恨。能战胜自身痛苦的领袖从不公报私仇，因此他们的声音才具有如此强大的道德感召。他们诉说的不再是符合他们利益的真相，而是客观的真相。

善于接纳痛苦不能只是别人身上一个令人羡慕的优点。我们每个人都应该拥抱心碎，因为面对他人的痛苦，心碎是我们必须付出的代价。十几年前，我与一位德高望重的美国医生造访南非，在约翰内斯堡附近的一座小镇探望一个时日无多的艾滋病患者。这个病人明显疲倦而痛苦，但他依然亲切地向我们讲述自己的经历。就在这时，那位医生起身离开。他找了个别的借口，但我知道他为什么这么做，而且我怀疑那位患者也知道。这位医生平时主要从事研究工作，难以面对这位患者悲惨的境况。如果无法面对邻人的痛苦，那么在某种程度上，你就是在将对方推向边缘。

每个社会都认为，造成问题的是那些被排斥在外的人。但这些人并不是问题之所在，真正的问题，来自那种排斥他人的冲动。克制这种冲动是我们最大的挑战，也是我们最好的机会。这需要勇气和眼光，因为那些被我们推向边缘的人，恰恰反映了我们的恐惧。

我们每个人都有那种排斥他人、缓解恐惧的冲动。那么，我们该如何扭转它呢?

我们是一家人

要说人类有什么共同之处，那就是我们都曾扮演过局外人，即使只是作为操场上嬉戏的孩童。没人喜欢那种感觉，它足以令我们恐惧。尽管都有过这种经历，但我们中也有很多人完全无法想象彻底被社会抛弃是什么感觉。

正因如此，在我母亲最喜欢的书中，有一段话才特别令我动容。这本书就是亨利·卢云（Henri Nouwen）神父的《活出有爱的生命》（*Life of the Beloved*）。卢云是一位天主教神父，有着天才的头脑和圣徒的心灵。他曾在巴黎圣母院、哈佛大学和耶鲁大学任教，在一所残障人士福利院度过了最后的日子，每天早上例行主持弥撒，此外还负责照顾一位严重残障的病人。

在《活出有爱的生命》中，卢云神父写道："在我的团体里有许多残障人士，他们最大的痛苦并非来自残障本身，而是随之而来的一无是处、毫无价值、不获赏识和不被人爱的感觉。接受自己不能言语、行走、进食，比接受自己在别人眼中没有特别的价值更容易。人能以坚毅承受极大的剥夺，当我们觉得再也没有什么可以为别人付出时，很快就会丧失对生命的把握。”[1]

我们都愿意付出，这能让我们融入集体，感觉受到了接纳。因此，要接纳所有人，我们就必须帮助每个人发展潜能，再运用各自的专长造福集体。这就是接纳的含义——每个人都有机会做出贡献。如果他们在成长过程中需要帮助，我们就应该伸出援手，因为我们的社群支持每个人，每个人都是社群不可或缺的一员。

当女性走到一起

本书阐述的每一个议题，都是一扇大门或一堵高墙，女性必须进入大门或打破高墙，才能真正做出贡献——她们必须拥有生育自由，有权自主决定是否结婚，有权追求机遇、进入大学、掌握收入、安排时间、追求理想、取得职业成就、从事任何职业。世界上还有无数女性深陷贫困，而且每个阶层都有女性被大权在握的男性排除在外、恐吓威逼。为了她们，女性必须走到一起，相互交流，组织队伍，引领变革，从而为所有人推倒高墙，打开大门。

我一直在参与形形色色的女性团体，尽管当时的我或许并没意识到。我高中就读的女校就是一个不小的女性团体。大学和研究生时期，我也总是与自己仰慕的女性为伍，尤其在当时，我们

1 出自《活出有爱的生命》，译文据新加坡基督长老会真理堂潘志成牧师译本。

人数还十分稀少。作为成年人，我与各个领域的女性建立了友谊，她们来自我生活的各个方面，包括工作、生活和信仰。我一直有不少男性好友，他们为我带来了不可或缺的欢乐。每当恐惧袭来、需要朋友支持时，我总会找到我的女性朋友，尤其是我们的团体，是她们陪伴我迈出成长路上的每一步。我相信，女性团体不但对每位成员都不可或缺，对社会同样也举足轻重，因为包容带来进步，而包容就从女性开始。

这并不意味着在接纳女人和女孩的同时，我们应该排斥男性，恰恰相反，我们应该与他们共同接纳女性，代表他们去接纳女性。我们要做的，不是接纳女性却排斥别人，而是通过接纳女性去接纳所有人。

女性必须从边缘走到中心，占据属于我们的位置——并非高于或低于男性，而是与他们并肩——同时发出我们自己的声音，做出我们应该也有权去做的决定。

我们会遭遇不少阻力，然而权力斗争无法带来持续的进步，而道德感召可以。一旦我们揭穿性别偏见的伪装，就会有越来越多的男女意识到过去浑然不觉的性别偏见，并站出来反对它。这样一来，我们就能改变那些让我们对偏见浑然不觉的陈规陋习。偏见将无处遁形，被我们消灭殆尽。

要改变建立在排斥之上的文化并不容易。与只想占据支配地位的人合作也非常困难。但我们别无选择。我们不能把他们赶出去，那不是改变。我们必须包容所有人，甚至是那些想排斥我们的人。唯有如此，我们才能创造自己理想的世界。权力曾是一些人排斥他人的工具。而我们必须用手中的权力去接纳每一个人。我们不能成为加剧纷争的另一个派系，而必须结束纷争。唯有如此，我们才能成为一个整体。

Epilogue

后　记

在这本书中，我不断强调平等能为女性注入力量，强有力的女性能改变世界。最终（也是最后），我必须承认，对我而言，平等只是起点，不是终点。

人类的终极理想不是平等，而是联结。平等的人也可能是孤立的，彼此之间没有任何情感纽带。孤立的平等毫无意义，而彼此联结的人，会感觉彼此交织，你中有我，我中有你。你悲伤我也无法快乐，你失败我也不可能成功，你的痛苦就是我的痛苦。这将消弭人与人之间的隔阂，让爱涌向彼此。

爱让我们融为一体。

它能消除排斥他人的冲动，而这就是我们的目的。我们的目的不是平等，而是彼此联结，彼此接纳，让每个人感受到爱。

爱让我们向上。

只要走到一起，我们就能得到提升。在我们构筑的世界中，每个人都会进步。没有人会因为贫困而受到剥削，也没有人会因为孱弱而遭到排斥。这个世界没有羞耻感，没有羞辱，没有人会因为病弱、衰老、种族不“对”、信仰“错误”，或因为女性的身份而被打上低人一等的烙印。没有任何种族、信仰或性别是“错误”的。我们已经挣脱了虚幻的枷锁，我们的爱没有边界。我们在别人身上看到自己，我们看待别人就如同看待自己。

这就是向上的力量。

如果我自认与众不同、高人一等；如果我把别人当作成功路上的垫脚石；如果我总觉得自己比别人跑得更快、懂得更多、做得更好；如果我自认比别人优越，而不是寻求与他们共同进步，那我就是在孤立自己，隔绝向上的力量。

我在前面提到过安娜，我和珍在坦桑尼亚时住过她家。我把她的照片挂在家里，这样就能每天看见她的面容，因为她令我深受触动。我与安娜建立了深厚的友情，原因我大都已经讲过，不过还有一点，我特意留到现在才说。

那时我跟着她忙里忙外，试着帮忙或至少不给她添乱，与此同时，安娜和我就谈论着彼此的生活，不久，就像女性之间常有的那样，她向我吐露心声，分享了她经历的一次婚姻危机。

跟萨纳雷结婚时，安娜离开家乡来到丈夫生活的地区，这里更加干燥，耕种土地和寻找水源都更加艰难。安娜去打水要走二十公里，还是单程。她努力适应这额外的负担，但第一个孩子出生后，她实在忍受不了了。她收起行囊，带上孩子，坐在家门口等待。萨纳雷从地里回来时发现安娜已经走了。她说自己要回父亲家去，因为这里的生活实在太艰苦了。萨纳雷心碎不已，问她如何才能回心转意。“你去打水，”安娜说，“这样我就能照顾儿子了。”于是，萨纳雷就不顾马赛族的传统，步行去井边打水。后来他买了辆自行车，可以骑到井边。别的男人笑他居然干女人家的活儿，说他被老婆下了咒。但萨纳雷毫不示弱，没有让步。他知道承担这件琐事，能让儿子更健康，妻子更快乐，这些就已足够。

过了一阵子，另外几个男人也加入了萨纳雷的行列，跟他一起取水，他们很快就受够了四十公里的骑行，于是动员全村，在村边建起了蓄雨池。听着安娜的故事，我由衷地钦佩她挑战传统的勇气，也钦佩萨纳雷的勇气。她敢于摆明自己的立场，即使明知这样做只可能有两种结果，不是巩固婚姻，就是将它毁灭。她让我感到难以言喻的亲切，我们是一体的，是一个即兴组成的女性二人小组。我心中掠过一丝尴尬，想着这个富有的美国女人号称要帮助女性，自己同样需要争取平等、改变文化。这不是我在帮助安娜，而是我在听她的故事、受她的启发。这是来自不同世界的两个女性在边界相遇，共同召唤向上的力量。

Acknowledgments

致 谢

本书动笔之初，我只知道我想书写自己遇见的女性和她们的故事，抒发我从中得到的感悟。我没有意识到书写本身也能让我收获如此多的经验与成长。对此，我心中充满无限感激。

夏洛特·盖曼、玛丽·雷曼、艾米·尼尔森和基利安·诺埃，是你们让我知道什么是友谊。感谢你们鼓励我写这本书，感谢你们愿意阅读草稿、提出建议，感谢你们让我看到女性之间的支持与友谊蕴含着怎样的力量。

感谢我灵修小组中的女性，感谢你们培养我的灵性，深化我的信仰。我对你们所有人都感激不尽。

感谢我来自全球各地的老师，尤其是那些愿意让我进入他们的家中与社区的女性（和男性），他们与我分享自己的梦想，带我认识他们的生活——对你们，我由衷地感激。我首先要感谢安娜和萨纳雷、克莉丝和格瓦纳尼以及这两对夫妇的孩子们，他们不仅邀请我和我的孩子们住进家中，还让我们在那里度过了几个夜晚。这样的经历，比任何旅行都更令我受益无穷。

我一生中有幸遇到了许多男男女女，他们传授的真理将伴随我一生。他们是我在乌尔苏拉中学的老师们，尤其是苏珊·鲍尔和莫妮卡·科克伦。我信仰与行动的领路人，尤其是理查德·罗尔神父和苏达·法吉斯修女，以及引导我为世界带来变革的导师和榜样，特别是汉斯·罗斯林、比尔·福奇、吉米和罗莎琳·卡特、保罗·法默、莫莉·梅尔钦、帕蒂·斯通斯弗。他们的恩情我无以为报。

如果没有家政助理的大力支持，我绝不可能完成任何一项工作。多年来，家政助理为我的家人付出了难以言喻的辛劳，他们帮我照看孩子，并且，在我忙于基金会事务、踏上旅途、远离家人时，是他们解除了我的后顾之忧。我无法用语言表达对他们的感激。

我的同事苏·戴斯蒙德-赫尔曼、马克·苏兹曼、乔希·洛兹曼、加里·达姆施塔特和拉里·科恩在各方面都出类拔萃。我感谢他们所做的一切，感谢他们阅读本书草稿并提出各自的看法。

我要感谢莱斯利·科赫，自本书酝酿时起，他就一直指引着我，感谢乔治·加夫里里斯和艾莉·沙克的研究和协助，感谢朱莉·塔特核查手稿中提到的事实性信息。

约翰·塞奇是我无可替代的朋友兼同事，是他让我相信这本书值得一写，说我一定能够抽出时间，还说我从工作中遇到的女性与男性身上学到了那么多，人们或许也会对此产生兴趣。对于约翰的远见和建议，我不胜感激。

无论从哪方面看，沃伦·巴菲特都是一位慷慨的朋友，他始终对女性充满信心。在我决定从幕后走到台前时，他不断地给予我鼓励。他是我一生的良师益友，对他，我怎么感激都不为过。

我非常感谢 Pivotal 创投的全体员工，尤其是哈文·雷伊、雷·玛斯、凯瑟琳·圣劳伦特、艾米·雷尼、考特尼·韦德和温迪·威尔金斯，感谢他们阅读这本书，并提出修改建议，还有克莱尔·克鲁平，她陪我走访了许多地方，帮我记录途中那些女性的故事。

感谢鲍拉·奎诺内斯、梅根·马克斯、米歇尔·博伊尔、艾比·佩奇、艾米·约翰斯顿和梅丽莎·卡斯特罗，以及卡罗尔·斯图尔特、约瑟夫·亚诺维亚克、凯利·吉尔伯特和希拉·艾伦，感谢他们为我提供完美的后勤保障。

Flatiron 的出版团队自始至终都对本书充满热情与支持——尤其是鲍勃·米勒、艾米·艾因霍恩、南希·特里普克、玛莲娜·比特纳、阿米莉亚·波萨萨、克里斯蒂娜·吉尔伯特、基思·海斯、艾伦·布拉德肖，以及惠特尼·弗里克。

在我的整个写作过程中，我在 Flatiron 的编辑、无与伦比的威尔·施瓦尔贝始终是一抹亮色。威尔给予我的不仅是指导，更是智慧，他用凝练的语言分享毕生的知识，帮助我渡过难关。他的眼力与编辑功底令这本书的写作中充满欢乐。

我对汤姆·罗斯特充满感激，没有他，我不可能写成此书。在写作过程中，汤姆一直在敲打我，让我专注于自己的目标，并为我提供了各种帮助。他是一位才华横溢的写作搭档，也是一位直觉敏锐的朋友。

最后，我要感谢我的家人，他们不但鼓励我投入本书的写作，更激发了我心中的爱与价值，那正是最初促使我创作本书的动力。我的父母赋予我充满信仰与爱的童年；我的姐姐苏珊、弟弟雷蒙德和史蒂文与我分享一切，特别是爱与欢笑；我的孩子珍、罗里和菲比总是不断地激励我成长；还有我的丈夫比尔，我一生的伴侣。与你们在一起，我收获了人生中最重要的记忆。你们对我的成长深信不疑，对学习充满渴望，对世界和我们共同的努力满怀信心，这一切的一切，都具有伟大的力量，支撑着我的生命。你们与我一同经历人生中的风风雨雨，对你们的陪伴，我说不出的感激。

可供读者参考的组织列表

我把书中提到的一些组织列在下方。如果他们的工作曾给你带来启发，你可以访问他们的网站，了解你能为推动他们的工作做些什么。

孟加拉乡村发展委员会

（Bangladesh Rural Advancement Committee）

www.brac.net

孟加拉乡村发展委员会的使命是消除贫困、文盲、疾病和社会不公，增益居民和社区的权能。

国际救助贫困组织（CARE）

www.care.org/ourwork

在国际救助贫困组织采取的一系列社区举措中，女性都发挥着重要的作用，这些举措包括改善基础教育、扩大高品质保健服务的覆盖面、扩大所有人参与经济的机会。

女童不婚（Girls Not Brides）

www.girlsnotbrides.org

女童不婚是一个全球合作组织，有来自全球九十五个国家的一千多个民间组织参与，这些组织致力于终止童婚，让女童发挥潜力。

卡卡尼亚的梦想（Kakenya’s Dream）

www.kakenyasdream.org

卡卡尼亚的梦想以教育提高女孩力量，改变农村社群。

马拉拉基金会（Malala Fund）

www.malala.org

马拉拉基金会致力于改善世界环境，让每个女孩拥有学习和成为领袖的机会。

MeToo 运动

www.metoomvmt.org

MeToo 运动支持性暴力的幸存者及其盟友。

人口理事会（Population Council）

www.popcouncil.org

人口理事会在全球五十余个国家针对当地主要健康与发展问题开展研究，实施举措。

普拉丹（PRADAN）

www.pradan.net

普拉丹根植印度最贫困地区，旨在帮助弱势群体聚集，以此帮助人们，尤其是女性，让其过上有尊严的生活，供养他们的家人。

萨克瑟姆（Saksham）

www.community.org.in/story

社区赋权实验室（The Community Empowerment Lab）是一家扎根社区的全球研究及创新机构，总部设在印度北方邦。它的前身是第二章中提到的萨克瑟姆项目。

救助儿童会（Save the Children）

www.savethechildren.org

救助儿童会在世界各地开展工作，力图在改善儿童生存境况方面取得突破，为他们的生活带来直接和持续的改变。

托斯坦（Tostan）

www.tostan.org

托斯坦总部设在非洲，该组织直接与那些自力更生寻求发展的农村社区合作。

如欲了解更多关于比尔与梅琳达·盖茨基金会的信息，请访问：www.gatesfoundation.org

如欲了解如何加入我们，与我们一道在世界各地提升女性的力量，请访问：www.momentoflift.com

梅琳达将向上述组织捐献本书销售取得的全部收益。